Frédéric Mercey

La Gravure
en médaille
en France

Techniques

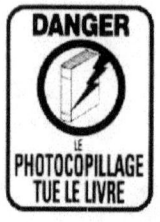
ISBN : 978-1543096866

10 9 8 7 6 5 4 3 2 1

Frédéric Mercey

La Gravure
en médaille
en France

Techniques

Table de Matières

Introduction   6

Section I   9

Section II   19

Section III   33

Introduction

Il n'est pas de branche de l'art qui n'ait son genre d'intérêt et son utilité, il n'en est donc pas qu'il faille négliger. Comment se fait-il qu'aujourd'hui la gravure en médailles soit pour le public à peu près comme si elle n'existait pas, comme un art perdu ? C'est à peine si, dans certaines occasions solennelles, lors des expositions par exemple, la critique mentionne en passant quelqu'une des plus récentes productions de ce genre. La foule, captivée par les œuvres plus apparentes de la peinture et de la sculpture, n'a pas même pour cet art, modeste, d'une si haute utilité, cette attention superficielle qu'elle accorde aux œuvres de la gravure en taille-douce et de la lithographie. C'est donc surtout à ce dernier point de vue, à titre de complément de l'étude de l'art national et pour arriver à la parfaite connaissance de l'art contemporain, que nous voudrions nous occuper ici de la gravure en médailles.

Le sujet ne manque pas d'une certaine nouveauté. À l'exception de quelques traités spéciaux, de dissertations ou de nomenclatures arides, rien n'a été publié dans ces dernières années sur cette partie de l'histoire de l'art, et il n'existe sur cette matière aucun travail d'ensemble. Ce ne serait pas, on le voit, remplir une tâche sans utilité que de signaler à l'attention publique tant de richesses ignorées et de lui faire connaître les monuments les plus singuliers, les plus intéressants d'un art dans lequel les Français ont longtemps excellé, et dans la pratique duquel ils sont encore aujourd'hui sans rivaux. Toutefois, avant de nous livrer à l'examen des médailles françaises et de suivre les développements de notre art national, il nous paraît indispensable de jeter un rapide coup d'œil sur la numismatique en général, et d'entrer dans quelques détails sur les applications de cet art.

Il importe peu de savoir si, comme le prétend Hérodote, c'est à Phidon, roi d'Argos, que doit être attribuée l'invention des monnaies et des médailles ; nous confondons les deux genres et à dessein, car, chez les anciens, la différence ne nous paraît pas nettement tranchée, et il est hors de doute que nombre de pièces considérées comme des médailles et même des médaillons ont eu cours de monnaie sans être cependant de véritables monnaies.

Frédéric Mercey

Seulement les médailles, frappées d'ordinaire à l'occasion de quelque événement important dont on voulait consacrer la mémoire, n'étaient en quelque sorte que des monnaies occasionnelles. On a donc eu parfaitement raison de confondre sous ce même nom de médailles toutes les pièces de monnaie fondues ou frappées qui nous viennent des anciens.[1] Chez les modernes, c'est tout autre chose. À partir du moyen-âge, la différence est nettement tranchée, et jamais les médailles proprement dites n'ont eu, comme dans l'antiquité, cours de monnaie. Aujourd'hui la confusion est moins possible que jamais, car jamais on n'a plus généralement, et quelquefois plus intempestivement, exagéré le module. Non-seulement on est sorti des trois dimensions classiques, des *grands, moyens* et *petits* bronzes, mais on a sensiblement excédé celles des médaillons[2] antiques du plus grand format, comme par exemple le médaillon d'or de Justinien, qui a trois pouces et quelques lignes de diamètre et plusieurs lignes de relief, et qui passe pour le plus grand médaillon antique. On ne s'est pas même arrêté au module des *medaglioncini* des Italiens ; aussi quelques-unes de nos médailles modernes sont-elles de véritables bas-reliefs de forme ronde, frappés au lieu d'être fondus, qui dénaturent le genre, et qui nous montrent l'abus qu'on peut faire du métal et la puissance du balancier.

Sous le rapport de l'exactitude historique, et comme monuments destinés à perpétuer le souvenir des actions des princes et des personnages célèbres, les médailles, nous le savons, n'ont ni l'incorruptibilité ni l'impassibilité de l'histoire, dont trop souvent au contraire elles ne semblent résumer que les passions enthousiastes et colères. Frappées en effet à l'occasion de chaque événement ou fait historique considérable, et d'ordinaire sur l'ordre même du personnage qu'elles concernent et dont elles doivent accepter toutes les exigences, elles ne nous montrent nécessairement que le beau côté des choses, exaltant aussi volontiers les méchants princes que les bons, du moment qu'ils ont en main le pouvoir. L'art, dans ces occasions, n'est plus qu'un mode de flatterie d'autant plus raffiné

---

1 Le mot grec ννόμισμα et le mot latin *nummus* signifient à la fois monnaie et médaille.

2 Le nom des médailles qui vient du mot grec μέταλλον varie en italien avec leurs proportions ; on dit *medaglie, medaglioni, medaglioncini*, selon les diverses dimensions du module.

qu'il est plus durable. Tout en faisant la part de ces exagérations de commande, ce qui est facile, et en ne prenant tous ces personnages figurés sous les symboles de la Justice, de la Sagesse, de la Piété, de la Magnanimité, et représentés comme l'honneur ou l'espoir de la patrie, que pour ce qu'ils ont été réellement, l'étude des médailles ne nous offre pas moins les renseignements les plus utiles et les plus curieux. Nous lui devons cette complète intelligence de l'antiquité qui distingue notre époque : c'est elle qui, tout en répandant les plus vives lumières sur les points douteux de leur histoire, nous initie aux mystères de la vie privée des peuples anciens et nous permet de rétablir en quelque sorte l'arbre généalogique des races royales et des grandes familles patriciennes.

À une époque où l'imprimerie n'avait pas encore été inventée, la gravure en médailles la supplée en partie et souvent même la remplace avec avantage. À côté de la lettre ou légende, les monnaies et les médailles nous présentent en effet la figure ; les deux modes de représentation, l'abstrait et le positif, se complètent de la sorte l'un par l'autre et se prêtent une mutuelle assistance. La connaissance des médailles est donc indispensable pour arriver à la connaissance parfaite de l'histoire des divers peuples qui ont brillé sur la terre ; elle est de plus le complément nécessaire de l'étude des beaux-arts, sur lesquels, par la reproduction même des monuments les plus célèbres, comme l'Hercule Farnèse, la Vénus de Gnide, l'Hercule musagète, elle nous donne les plus précieux renseignements. Envisagées sous ce dernier aspect, les médailles sont en elles-mêmes autant de monuments du plus haut intérêt ; elles nous indiquent, aussi parfaitement que les statues et les pierres gravées, les styles particuliers à chaque époque et leurs modifications, nous montrant l'art à son enfance, le suivant dans ses développements les plus splendides, et se dégradant avec lui pour arriver à ce point extrême de la décadence où il cesse d'exister.

Il est assez singulier que l'antiquité ne nous ait laissé aucune espèce de renseignements sur les graveurs célèbres qui ont produit tant de chefs-d'œuvre, et ne fasse mention d'aucun d'eux. Il est étonnant, d'autre part, qu'aucun graveur de médailles, soit grec, soit romain, n'ait inscrit son nom sur son œuvre, comme les graveurs sur pierres fines ou *dactylioglyphes* avaient coutume de le faire. On ne peut adresser le même reproche à nos artistes, et il sera facile pour la postérité, au moyen de ces monuments, de suivre l'histoire de l'art contemporain et d'établir la liste la plus exacte des graveurs en médailles. Cet usage d'inscrire le nom sur l'œuvre date, du reste, pour la gravure en médailles, d'une époque de profonde décadence, des artistes monétaires de Clovis et de Dagobert, qui s'appelaient Doccius et Eligius.

L'art de la gravure en médailles a traversé en France plusieurs périodes qui correspondent assez exactement aux époques diverses de notre histoire. Ce rapport qui existe entre la gravure en médailles et les diverses transformations de la société française, en nous offrant l'occasion d'apprécier l'importance d'un art trop négligé, nous amène à en décrire les principaux monuments. C'est à l'aide de quelques collections trop rares que ce travail a pu être entrepris, et peut-être appellera-t-il l'attention du public sur des chefs-d'œuvre connus seulement d'un petit nombre d'érudits. Un tel résultat suffirait du moins à notre ambition.

Section I

Lors de la conquête romaine, les Gaulois avaient leurs monnaies d'or et d'argent et leurs médailles ; ils avaient renoncé depuis longues années aux monnaies de cuir de leurs pères. On voit retracés sur leurs monnaies métalliques le cheval sans bride et le verrat ou sanglier, symboles de guerre et de liberté. Le pentagone, emblème druidique de l'immortalité de l'âme, y est aussi figuré. Les inscriptions des médailles gauloises sont grecques ou latines, et présentent quelquefois un composé des deux langues ; les inscriptions grecques dominent sur les médailles frappées dans les villes du littoral de la Méditerranée ; les inscriptions latines ou gréco-latines dans le reste de la Gaule. Le travail de la plupart des médailles gauloises est barbare ; il faut en excepter cependant les médailles des villes fondées par les colons grecs, qui sont quelquefois d'un excellent goût.

À partir des règnes d'Auguste et de Tibère, les monnaies gauloises cessent d'avoir cours, et sont remplacées par les monnaies romaines, qui conservent quelques-uns des types nationaux, tels que le cheval et le sanglier. Sous les premiers empereurs, les colonies gauloises cessent absolument de frapper monnaie, et il n'existe aucune médaille coloniale postérieure à Auguste.

Les Francs, en s'établissant dans les Gaules, conservèrent le mode de fabrication monétaire en usage dans le pays ; les monnaies mérovingiennes ont le même poids que les monnaies romaines et gauloises ; seulement la dégradation de l'art est extrême, et les effigies des princes sont d'un goût tout-à-fait barbare. Les plus anciennes de ces monnaies remontent à Clovis ; elles sont d'or, et on ne connaît aucune pièce d'argent de la première race. Ces monnaies d'or offrent l'effigie des princes, dont la tête est couronnée d'un diadème perlé, emprunté aux empereurs romains, que ces rois barbares prenaient pour modèles. Il est également évident que les monétaires francs imitaient les monétaires romains.

Les monnaies carlovingiennes sont tout aussi défectueuses que les monnaies de la première race ; on supprime même l'effigie, qu'on remplace par le monogramme du nom du monarque. Cette innovation date de Charlemagne, et de la part d'un prince qui, sous d'autres rapports, avait provoqué une sorte de renaissance des arts, elle a droit de nous étonner. Sur d'autres pièces, on voit une croix ou croisette. Les figures royales ne reparaissent que plus tard. Il existe beaucoup de monnaies d'argent, deniers ou oboles, appartenant à la deuxième race. À la fin de la dynastie carlovingienne apparaissent les monnaies féodales, frappées par chacun des grands seigneurs qui se partagent le pays. Chacun d'eux veut figurer sur sa monnaie, et les effigies reparaissent sur les sols d'or et deniers angevins, bordelais, chartrains, mantois, poitevins, parisis, tournois, etc. Ces monnaies, comme on voit, empruntent le nom de la ville capitale du domaine de chaque petit prince où elles ont été frappées. Lorsque les ducs de Paris montent sur le trône, les sols et deniers parisis deviennent monnaie royale, et subissent quelques modifications. Sous Louis VI et Louis VII apparaissent les premières pièces à l'écu, semées d'abord de fleurs de lis sans nombre, qui sont réduites à trois sous le roi Charles VI. Pendant la minorité du second de ces princes, la reine régente fit frapper une monnaie d'or à son effigie. Elle est représentée tenant de la main droite un sceptre, et de la main gauche une fleur de lis avec cette légende : *Blanche de Castille, mère du roi* ; au revers, on voit une croix fleurdelisée, et on lit cette légende : *Christ. reg. vine.*

Frédéric Mercey

imp. Cette monnaie a tout l'air d'une médaille, et ce serait alors la plus ancienne médaille française connue. Les premières pièces qui aient paru en France avec le millésime datent de la deuxième année du règne de Louis XII (1498), et ont été frappées par Anne de Bretagne, que ce prince épousa la même année.

Au moyen des sceaux des souverains et grands feudataires, qui offrent tant d'analogie avec les médailles, on peut compléter les notions assez imparfaites que les monnaies nous donnent sur l'art de la gravure monétaire dans ces temps reculés qui précèdent la renaissance. Ces sceaux, même lorsqu'ils étaient en or, en argent ou en tout autre métal, étaient coulés dans des matrices exécutées avec un grand soin. On ignorait encore à cette époque l'art d'enfoncer les coins dans l'acier, et d'en reproduire un grand nombre d'épreuves à l'aide du balancier. Les monnaies et les petites pièces courantes étaient seules frappées au moyen du marteau ou du mouton ; mais on n'avait jamais songé à appliquer ce procédé aux empreintes des sceaux et des médaillons. Ces empreintes métalliques étaient retouchées par les graveurs, qui en faisaient disparaître les boursouflures et autres défauts les plus apparents, et qui ciselaient avec le burin les parties les plus délicates. On peut suivre, au moyen de la magnifique collection que M. Depaulis, l'habile graveur en médailles, a réunie dans les vitrines de l'École des Beaux-Arts, toutes les évolutions de l'art du graveur sur métaux à partir des princes mérovingiens. Ces sceaux représentent le royal personnage assis sur son trône, comme dans les monnaies dites *pièces à la chaise*, ou à cheval en costume de guerre, comme dans les monnaies dites *cavelots*, ou francs à cheval. Quelques-uns sortit de grande dimension, et ne manquent ni de caractère ni d'une certaine puissance d'exécution. On voit que, si les artistes de ces époques reculées n'ont pas gravé de médailles proprement dites, c'est que cet art était perdu ou passé de mode. Ce ne fut que dans les premières années du XVe siècle qu'un Italien nommé Vittore Camelo retrouva ou inventa l'art d'enfoncer les coins de médailles dans l'acier ; aussi toutes les pièces qui parurent en Italie dans le XVe siècle, et particulièrement tous ces beaux médaillons que nous ont laissés les Italiens, sont-elles fondues et ciselées comme les sceaux.

La gravure en médailles ou plutôt l'art de fondre et de ciseler les médaillons suivit vers le milieu du XVe siècle les évolutions des autres arts. Vittore Pisano ou Pisanello, peintre de Vérone et graveur en pierres fines et sur métaux, opéra dans son art la même révolution que les Brunelleschi, les Masaccio, les Ghiberti, les Donatello, dans le leur. Vittore Pisano excella dans les représentations de la face humaine ; toutes ses effigies sont merveilleuses par leur caractère grand, simple et personnel. On est tenté d'adresser à quelques-unes de ces têtes si vivantes placées à la face de ses médaillons le mot de Michel-Ange au *Saint Marc* de Donatello : *Marco, perchè non mi parla* ? Il excellait également dans l'invention des sujets qu'il plaçait au revers de ses pièces et dont l'exécution est toujours naïve et savante. Ses médaillons de François Sforce, de Louis de Gonzague, de Lionel marquis d'Este, de Malatesta Novello, sont des chefs-d'œuvre. Sa médaille de *Cécile*, vierge, fille de François Sforce, premier marquis de Mantoue, peut rivaliser avec les plus belles pièces antiques. Le revers qui représente une jeune femme nue, appuyée sur la tête d'une licorne, est charmant de pensée et d'exécution ; et quelle gracieuse simplicité dans le buste effilé et toute l'effigie de la jeune vierge !

Vittore Pisano jouissait en Italie d'une immense réputation et fut recherché par tous les souverains de son temps. Vasari et Blondi le vantent comme un grand artiste ; les poètes le célèbrent à l'envi et le comparent à Polyclète et à Phidias. Ses peintures ont disparu, mais ses médaillons sont restés ; la plupart sont signés en larges caractères. Vittore Pisano eut de nombreux émules, ou plutôt forma une grande école. On cite parmi ces maîtres Boldù de Venise, Sperandio de Mantoue, Jules della Torre, Pomedello, Jean Carotto de Vérone, André de Crémone, Pierre de Milan, Nicolas de Florence. L'art se répandit dans toute l'Italie ; ce n'est que dans le siècle suivant qu'il passa les monts. L'école des maîtres pisans appliqua à la gravure des médaillons et médailles les mêmes principes que les grands peintres et les grands sculpteurs du XVe siècle avaient fait prévaloir et qu'ils avaient puisés clans la connaissance de l'antique. La largeur du style, la noblesse et la vérité des expressions, la suppression des détails minutieux et puérils et de toutes les pauvretés de l'âge précédent, distinguent leurs ouvrages, qui sont restés des modèles.

Les premières médailles françaises ont conservé quelque chose

Frédéric Mercey

de l'énergique simplicité des maîtres pisans. Quelques-unes ont été gravées par des artistes italiens ; les autres sont l'ouvrage de maîtres inconnus et ont été frappées à Lyon, où, vers la fin du XVe siècle et le commencement du XVIe, tout ce qui touchait aux beaux-arts en France avait été en quelque sorte centralisé. Il existe cependant une belle médaille de Louis VII qui porte au revers les armes de la ville de Paris, et qui a dû être frappée à Paris. Ces premières médailles françaises ne remontent qu'à Charles VIII, et offrent, comme nous venons de le dire, une imitation assez littérale des médailles italiennes du même temps. On peut voir au musée monétaire de Paris un spécimen fort remarquable de l'art national à cette époque : ce sont les coins de la médaille commémorative de la conquête de Naples parle roi Charles VIII. Cette médaille, du module de 16 lignes (36 millimètres), représente à l'avers le roi, la couronne en tête, tenant un rameau de laurier de la main droite et monté sur un char de triomphe traîné par quatre chevaux. Les lettres S. C. gravées à l'exergue dénotent une imitation éloignée des monnaies antiques. Au revers, un génie ailé tenant une couronne plane sur un taureau qui foule aux pieds des épis de blé. L'artiste a voulu sans doute indiquer la fertilité des provinces conquises par le roi. Cette médaille ne porte aucun nom d'auteur. Ces médailles de Charles VIII sont peu nombreuses ; les plus importantes ont été gravées en Italie : telle est, par exemple, celle qui représente ce prince, *Carolus, rex Francorum christianissimus VIII.* coiffé d'un mortier qui lui descend jusque sur les yeux, les cheveux coupés carrément, le nez busqué, avec l'air passablement stupide qu'on lui donne dans toutes ses effigies. Au revers, nous le voyons figuré en Marc-Aurèle enfourchant un énorme cheval de bataille. Cette médaille porte la signature de Simon Fabiano de Parme. Deux autres médailles nous montrent ce même prince toujours coiffé d'un mortier et avec le collier de l'ordre de Saint-Michel. L'une est sans revers, l'autre représente la Charité appuyée contre une colonne et avec un chien couché à ses pieds ; la Charité s'entr'ouvre le sein. Il est fort probable que cette médaille a été également frappée en Italie, mais on ignore à quelle occasion. Une dernière médaille nous montre l'effigie de Charles VIII, coiffé cette fois d'un morticr à dents de couronne. La chevelure est plus libre et tombe moins carrément ; la figure, à laquelle l'énorme nez de polichinelle du prince donne toujours une singulière expression, semble sourire. Au revers nous voyons un Samson terrassant un lion qui rappelle la gravure sur bois d'Albert Dürer. On lit en légende : *Provinciarum pacator*. Cette médaille a-t-elle été frappée en France ou en Italie, et quel en est l'auteur ? c'est ce qu'on ignore. La figure du Samson est d'un grand goût et dénote un artiste exercé.

Les médailles du roi Louis XII ne sont guère plus nombreuses que les médailles de Charles VIII : elles sont relatives à la conquête de Milan et aux guerres d'Italie. Les deux plus curieuses ont trait aux différends du roi avec la papauté. La première nous montre le prince, la couronne en tête avec cette légende *Ludo. Fr. regni q. Neap. r.* (Louis, roi de France et du royaume de Naples) ; au revers est gravé l'écusson de France avec cette devise : *Perdam Babylonis nomen* (je détruirai jusqu'au nom de Babylone). Louis XII fit frapper cette médaille en 1512, au moment où le pape Jules II venait de se déclarer contre la France et jetait un interdit sur le royaume. La seconde médaille représente le buste de George d'Amboise, avec cette légende que je traduis du latin : *George d'Amboise, cardinal de la sainte église romaine*, et au revers, les insignes de la papauté entourés de ces mots : *Tulit alter honores* (un autre a obtenu ces honneurs). Cette médaille est certainement l'une des plus singulières qui existent quant au sujet. George d'Amboise, candidat pour la tiare, s'était vu préférer Julien de la Rovère, depuis Jules II, et il faisait frapper une médaille commémorative de son désappointement, qui fut grand, si on en juge par le module de la médaille, qui n'a pas moins de vingt-quatre lignes ou cinquante-quatre millimètres.

Les médailles du roi François Ier présentent peu de différence avec celles des monarques qui l'avaient précédé sur le trône ; elles n'ont ni plus de relief ni plus de perfection que les monnaies du temps, seulement le module est plus étendu. Quelques-unes ont dû être gravées par des maîtres italiens et très probablement par le graveur Matteo del Nassaro de Vérone, qui suivit en France le roi François Ier et qui y répandit le goût de la gravure en pierres fines et des médailles. La médaille de la victoire de Marignan est la plus remarquable du règne. Elle porte à l'avers le buste du roi couronné de lauriers avec cette légende : *Francistes I Francorum rex*, et au revers un trophée d'armes avec ces mots : *Vici ab uno*

Frédéric Mercey

Coesare victos (j'ai vaincu ceux que César seul avait pu vaincre). À l'exergue est écrit le mot *Marignan*. On voit que la légende n'avait rien perdu de sa concision antique, et que les formules d'adulation n'étaient rien moins qu'épuisées.

Le roi Henri II fit faire des progrès à la gravure des médailles. Le premier, il établit entre les médailles et les monnaies une distinction nécessaire. Par un édit de 1549, il ordonna de placer à l'avenir l'effigie du monarque et le millésime sur les monnaies. Sous son règne, on se servit pour la première fois du balancier, que Nicolas Briot venait d'inventer ; mais, après quelques essais, les partisans de la routine l'emportèrent, et tandis que Nicolas Briot portait en Angleterre, où elle fut adoptée, sa nouvelle invention, on reprit à la monnaie du Louvre la fabrication au moulin et au marteau. Ce ne fut que vers la fin du règne de Louis XIII que le balancier, qui faisait merveille chez les Anglais, fut rapporté en France et définitivement adopté.[1]

La médaille la plus curieuse du règne de Henri II est celle de *la Liberté de l'Italie et de l'Allemagne*. Elle présente d'un côté le buste du roi Henri II, couronné de laurier, avec cette légende : *Henricus II, rex christianissimus*, et au revers, un bonnet entre deux épées au-dessus duquel est gravé *Libertas*. Au-dessous, et comme en exergue, sont inscrits ces mots : *Vindex Italioe et Germanioe libertatis*, 1552 (vengeur de la liberté de l'Italie et de l'Allemagne). Cette médaille, de grand module (vingt-six limes), fut frappée à l'occasion de la ligue des princes allemands Maurice de Saxe et Albert, marquis de Brandebourg, et du roi Henri II, contre l'empereur Charles-Quint, au moment où ce prince voulait réunir les Pays-Bas à ses autres possessions. Deux autres médailles du même règne rappellent

---

1 On sait comment se gravent et se frappent les médailles. La face et le revers de la pièce sont gravés en relief sur un morceau d'acier que la trempe rend extrêmement résistant. Ce relief est ensuite enfoncé dans un coin d'acier moins trempé et plus malléable, où il forme le creux. Ces creux, trempés à nouveau, servent à frapper les médailles en or, argent, bronze ou tout autre métal. À cet effet, on place entre les deux coins ou creux un morceau de métal de la forme et à peu près du diamètre de la médaille. Ce morceau s'appelle *flan*. On adapte autour des deux coins rapprochés et contenant le *flan* une virole ou cercle en fer qui maintient le tout, de façon à ce qu'aucun dérangement ne puisse se produire. Les coins sont ensuite disposés sous le balancier, que plusieurs hommes placés à l'extrémité des branches des leviers mettent en mouvement, et dont quelques coups suffisent pour donner à la médaille toute la perfection désirable.

les amours du roi Henri II et de Diane de Poitiers. Sur l'une, on voit le buste du roi couronné de lauriers, et, au revers, Diane chasseresse avec cette légende *Nomen ad astra*, 1552. Sur l'autre est gravé le buste de Diane de Poitiers, qui ne ressemble, ni par la tournure ni par les ajustements, à aucun autre des portraits que nous connaissons, et on lit ces mots : *Diana. dux. Valentinorum. clarissima.* Au revers, on voit Diane chasseresse un carquois à la main et foulant aux pieds l'Amour, avec cette légende *Omnium. victorem. vici.* (j'ai vaincu le vainqueur de tous). Voilà qui est très superbe ; mais qui donc voulait-on tromper ? Serait-ce par hasard l'avenir ?

Sous le roi Charles IX, l'art fit encore des progrès sensibles. On connaît les deux fameuses médailles de la Saint-Barthélemy, celle où le roi Charles IX, figuré en Hercule, tenant d'une main une massue, de l'autre une torche enflammée, combat l'hydre de Lerne, et celle où le roi est représenté assis sur son trône, la couronne en tête, tenant la main de justice et une épée nue et foulant aux pieds des cadavres. Il fallait que ce prince fût bien aveugle ou bien endurci pour s'enorgueillir d'un crime politique comme d'une action mémorable ; mais il est plus facile de faire mentir le bronze que de charger les lois de la morale et de l'humanité. Une médaille fut également frappée en Italie, sous le pontificat de Grégoire XIII, en mémoire de la Saint-Barthélemy ; elle présente à la face la tête de Grégoire XIII avec ces mots : *Gregorius XIII. pont. max. an. I.*, et au revers, un ange exterminateur tenant de la main gauche une grande croix et frappant, d'une épée qu'il tient de la main droite, les huguenots terrassés. Dans le champ, on lit cette inscription : *Ugonotorum strages*, — massacre des huguenots, 1572. C'est à tort que l'on a attribué cette médaille au célèbre faussaire Jean Cauvin : on ne connaît pas de médailles de ce graveur postérieures à 1571. Le même événement était célébré sous le même pape par les fameuses peintures du Vatican exécutées par Vasari. Ces peintures décorent la *sala reale*, qui sert de vestibule aux chapelles Sixtine et Pauline ; elles sont au nombre de trois : la première représente Coligny blessé d'une arquebusade et transporté dans la maison où, deux jours après, il fut assassiné avec son gendre Téligny ; le second tableau nous fait assister à l'assassinat de Coligny et de ses compagnons ; le troisième tableau

Frédéric Mercey

nous montre Charles IX témoignant sa satisfaction de la mort de l'amiral. Ces peintures, de très grande dimension, sont exécutées dans le style lâché de Vasari. Elles sont fort curieuses, et c'est sans doute à ce titre que, malgré les sujets qu'elles représentent, elles sont conservées à la porte du sanctuaire.[1] Elles servent de pendant à la fresque de Zuccheri, qui représente Charlemagne confirmant, en l'an 800, les donations faites au saint-siège.

Sous le roi Henri III, la gravure en médailles, encouragée par ce prince ami des arts et du plaisir, atteignit un haut degré de perfection. Ce monarque, par l'édit de septembre 1585, affecta un atelier spécial pour la fabrication des médailles et jetons. Cet atelier, dit monnaie des étuves, où l'on ne fabriquait qu'au moulin, était tout-à-fait distinct de la monnaie des espèces, placée au Louvre, où le roi ne permettait que la fabrication des monnaies d'or et de billon ayant cours, qu'on ne pouvait frapper qu'au moyen du mouton. Les graveurs en médailles qui se distinguèrent sous son règne s'inspirèrent dans leurs ouvres et de la réalité et des souvenirs de l'antiquité. Les têtes, d'une ressemblance frappante, sont laurées comme les effigies des médailles impériales, et les revers ont un caractère tout-à-fait romain. Ce retour vers l'antiquité s'était déjà manifesté sous le règne précédent, et il est telle médaille du roi Charles IX, celle de l'*Homnmage de la ville d'Avignon* par exemple, dont l'effigie semble dérobée à une médaille des empereurs. Nous citerons, parmi les médailles remarquables du règne de Henri III, celle de la lutte du roi contre les factions, avec cette légende : *Debellare superbos* ; — la médaille des neuf muses entourant un lis et soutenant un génie qui porte une couronne dans chaque main, avec le mot *felicitas* à l'exergue ; — celle de Henri III, roi de France et de Pologne, à cheval, vêtu à l'antique, avec cette légende *Imago. talis. Alemandri. Tigrin. superanlis* (il est l'image d'Alexandre, vainqueur du Tigre), enfin la médaille de Catherine de Médicis : *semper augusta*, portant au revers une

---

1 Nous devons citer comme la contre-partie de ces médailles et de ces peintures un des plus beaux médaillons français, qui représente François de Mandelot, gouverneur du Lyonnais, et qui porte la date de 1572. Ce médaillon passe pour avoir été frappé en mémoire de l'humanité que déploya ce gentilhomme en désobéissant aux ordres de la cour. Il a été conservé dans sa famille, et il appartient à M. le comte de Mandelot. Ce médaillon, de forme oblongue et de très grand module, 125 millimètres de hauteur sur 95 de largeur, est un chef-d'œuvre de gravure.

renommée planant au-dessus des étoiles avec cette légende : *Eterna fama* : Cette dernière médaille, dont la face, représentant le buste de Catherine de Médicis, semble copiée d'un crayon de François Quesnel, et dont le revers est conçu dans le style antique le plus pur et le plus élevé, suffirait à elle seule pour caractériser l'art à cette époque. Cette double tendance se retrouve du reste, et fort heureusement combinée, dans la plupart des œuvres de George Dupré, dit le grand Dupré, qui, bien que ses premières pièces signées ne datent que du commencement du règne suivant, avait dû débuter à cette époque.

Une belle médaille du roi Henri III, frappée en 1579, a consacré la fondation de l'ordre du Saint-Esprit. Un grand médaillon coulé et ciselé représente le roi Henri III, les cheveux relevés, coiffé d'un bonnet orné d'une aigrette agrafée avec des pierreries et vêtu selon la mode du XVIe siècle, sans aucun des insignes de la royauté. Ce médaillon, d'un travail extrêmement délicat, et qui semble copié sur quelqu'un des crayons du temps, pourrait bien être un des premiers ouvrages de George Dupré. Nous remarquerons à ce propos que les graveurs français des premières médailles de la renaissance et de toutes les pièces que nous venons d'examiner sont restés complètement inconnus. Aucun d'eux ne signait ses ouvrages, comme avaient fait les maîtres pisans et comme faisaient encore quelques graveurs italiens. Ce ne peut être qu'au moyen de découvertes imprévues, et à l'aide de documents enfouis dans les archives provinciales, qu'un jour on parviendra à connaître les noms de quelques-uns de ces artistes. Les travaux de M. Léon de Laborde sur *les Ducs de Bourgogne et la renaissance des arts à la cour de France au seizième siècle* nous indiquent dans quel sens les recherches pourraient être dirigées. À la fin du XVIe siècle, on retrouve sur quelques pièces des noms et monogrammes de graveurs. Telle est la médaille de Bellièvre, qui porte la date de 1598, où on lit *Conrad de Bloc fecit*, et le beau médaillon du duc de Mayenne, signé : Jacques Primavera. On a de ce même graveur une médaille de François Myron, ce prévôt des marchands dont le peuple *a gardé la mémoire*, qui, en 1605, empêcha Henri IV de réduire les rentes constituées sur l'Hôtel-de-Ville de Paris. Cette médaille lui a peut-être été dédiée par les rentiers du temps.

Dès les premières années du règne de Henri IV, on trouve sur

Frédéric Mercey

quelques pièces le monogramme G. D. V. F. (*George Dupré fecit*). Cet artiste, le premier des graveurs français dont nous connaissions le nom, est resté célèbre, bien qu'il ne soit connu que par ses ouvrages, et qu'on n'ait pu recueillir sur lui aucuns détails biographiques. On sait seulement qu'il commença à se distinguer à la fin du XVIe siècle, et les nombreuses pièces qu'il a gravées nous montrent qu'il jouissait d'une haute faveur auprès des souverains et des grands personnages de son temps. On peut dire que Dupré, que ses contemporains ont nommé le grand Dupré, a fondé cette glorieuse école française continuée pendant tout le cours du XVIIe siècle par Warin, son élève, et qui a produit toutes ces belles médailles dont la suite commence à Charles IX et ne se termine qu'à la vieillesse de Louis XIV.

Section II

La première médaille où l'on retrouve d'une manière certaine le monogramme de George Dupré porte la date de 1597, et représente d'un côté Henri IV en Hercule, coiffé de la peau de lion, et au revers Gabrielle Des-trez (sic), duchesse de Beaufort. Cette médaille, qui fut frappée deux ans avant la mort de Gabrielle, ne nous donne pas une haute idée de la beauté de la séduisante duchesse, dont l'effigie ne manque cependant pas d'une certaine élégance. Quant au roi Henri IV, il a tout-à-fait la physionomie d'un Hercule qui va filer aux pieds d'Omphale. Une médaille de 1600, frappée à l'occasion des hostilités avec la Savoie, nous montre encore Henri IV en Hercule, la peau de lion sous le bras, la massue sur l'épaule, avec cette légende *Vinces. roburorbis* (tu triompheras de la force du monde). Cette médaille est la première qui porte en toutes lettres la signature de George Dupré. Une médaille, faisant suite à la précédente, nous montre Hercule terrassant un centaure, avec cette légende : *Opportuniùs* (plus à propos). Elle répond à la médaille que le duc de Savoie avait fait frapper, et qui représentait un centaure décochant une flèche et foulant aux pieds la couronne royale, avec cette légende : *Opportunè* (à propos). La réponse fut frappée en 1602, après la conquête du marquisat de Saluces. La suite des médailles du roi Henri IV est assez nombreuse. Plusieurs nous représentent les effigies superposées du roi et de la reine Marie de

Médicis, qui, selon l'expression du président Hénaut, ne fut ni assez surprise ni assez affligée de la mort de son époux. Dupré a gravé également en 1606 le grand médaillon de Henri IV couronné de lauriers, cuirassé et portant le cordon de l'ordre du Saint-Esprit. Ce médaillon, qui depuis a été tant de fois reproduit comme le portrait typique du grand et bon roi, est coulé et ciselé ; c'est ici même le cas de faire observer que cette mode des médaillons coulés et ciselés gagnait la France, où elle se continua jusque dans le XVIIIe siècle, quand l'Italie y avait renoncé pour les pièces frappées.

Nous citerons encore parmi les médaillons de George Dupré celui de Marie de Médicis portant l'immense fraise selon la mode du temps, et ceux de François IV, duc de Mantoue, de François de Médicis et du doge Memmo ; mais son chef-d'œuvre est le grand médaillon où cet artiste a réuni Henri IV en empereur romain, Marie de Médicis en Minerve, et Louis XIII enfant, avec cette légende : *Propago imperii.* Les trois personnages sont en pied.

À propos de ces médaillons imités des Italiens, nous devons signaler une différence essentielle qui existe entre les graveurs français et les maîtres ultramontains, et qui se manifeste à partir des rois Charles IX et Henri III. Nous voulons parler de cette imitation plus directe et plus naïve de la nature que l'influence des artistes italiens tels que Benvenuto Cellini et le Rosso avait fait quelque peu négliger. La précision française lutte contre l'élégance un peu incorrecte des Italiens ; le contour est plus arrêté, les détails sont plus nombreux et plus délicats, et le relief est moins accusé que chez les artistes de l'âge qui précède. Il semble que nos maîtres graveurs aient étudié les peintures des trois Clouet et les crayons de François Quesnel. Ces différences distinguent essentiellement les médailles françaises des médailles italiennes, et constituent, comme pour la peinture et la sculpture, une sorte d'art national.

La plupart des médailles de George Dupré, relatives à la minorité de Louis XIII et à la régence de Marie de Médicis, sont des chefs-d'œuvre. Les revers sont ingénieux et du plus grand style. Tels sont ceux du vaisseau de l'état portant la famille royale, battu par la tempête et dirigé par Marie de Médicis en Minerve, avec cette légende : *Servando dea facta deos* (devenue déesse pour conserver les dieux), 1613 ; — du coq se nourrissant des pépins de la grenade, ayant pour devise : *Vel viscera nudent* (ils déchireront jusqu'à mes entrailles), — de l'assemblée des dieux figurant les princes et princesses enfans de la reine, avec cette légende : *Luta deûm parte* (heureuse de la naissance des dieux), 1624.

George Dupré a laissé également un certain nombre de médailles du commencement du règne de Louis XIII : telles sont les pièces de Sully avec l'aigle au revers portant la foudre, accompagnée de cette devise : *Qué jussa Jovis* (allant où l'ordonne Jupiter) ; — celles des maréchaux de Toyras, de Bassompierre, de Maleyssie, gouverneur de Pignerolles, une des plus belles pièces du temps, et la médaille du maréchal d'Effat, avec Hercule et Atlas portant le monde au revers. George Dupré n'était pas un simple graveur en médailles, mais un excellent sculpteur. Les statuettes de Henri IV et de Marie de Médicis, tant de fois reproduites, peuvent donner une idée de sa manière. Dupré forma plusieurs élèves, et dans le nombre Jean Warin, qui peut-être le surpassa. Voltaire, qui jugeait toujours à la première vue et un peu à la légère, présente ce dernier comme le restaurateur de l'art en France. « Nous avons égalé les anciens dans les médailles, dit-il ; Warin fut le premier qui tira cet art de la médiocrité, vers la fin du règne de Louis XIII. C'est maintenant une chose admirable que ces poinçons et ces carrés qu'on voit rangés par ordre historique dans l'endroit de la galerie du Louvre occupé par les artistes ; il y en a pour deux millions, et la plupart sont des chefs-d'œuvre. » Il n'y a d'inexact dans cette appréciation que le jugement sur Warin, qui s'appliquerait plus justement à George Dupré. Warin, toutefois, est un grand artiste. Originaire de Liège, à douze ans il fut attaché comme page au comte de Rochefort, dont son père était gentilhomme. Warin s'appliqua dès son enfance au dessin et à la sculpture, et ne tarda pas à exceller dans ces deux arts, et c'est par occasion et séduit par l'exemple de Dupré qu'il se décida à en faire une application spéciale à la gravure en médailles. Quand Dupré mourut, il n'était plus son élève, mais son émule ; aussi fut-il chargé par Richelieu de la refonte des monnaies du royaume, puis nommé conducteur-général des monnaies et graveur des types et poinçons. Louis XIV, à son avènement, le confirma dans sa charge. Jean Warin fut un des premiers membres de l'académie de peinture et de sculpture ; indépendamment des pièces qu'il a gravées et qui sont en très grand nombre, il est l'auteur de plusieurs bustes et statues, entre autres d'une statue colossale de Louis XIV.

Section II

Warin mourut en 1672, âgé de soixante-huit ans, et laissant de nombreux élèves.[1]

La première médaille qui porte le monogramme de Jean Warin, — W., — fut frappée en 1629, à l'occasion de la prise du Pas-de-Suse en janvier de cette même année par le roi Louis XIII en personne. Elle nous représente le prince en Hercule, se drapant dans sa peau de lion, la massue sur l'épaule, enjambant des montagnes et dans une attitude qui sent tant soit peu son matamore. La légende est parfaitement appropriée : *Non mare, non montes famam, sed terminat orbis* (ni les mers, ni les monts ne bornent sa renommée ; elle ne s'arrête qu'où finit le monde). La médaille de Mazarin devant Casal, qui porte la date de 1630, mais qui ne dut être frappée que quelques années plus tard, nous montre Mazarin, alors capitaine de cavalerie, se précipitant entre les armées espagnole et française sur le point d'en venir aux mains et leur annonçant que la paix vient d'être conclue. *Infestas acies nutu dirimit*, porte la légende (d'un signe il a séparé les armées ennemies). — La médaille de la Fortune soumise, et suivant le char de victoire de la France que dirige une Renommée tout en embouchant une trompette avec banderoles aux armes de Richelieu, est supérieure aux deux précédentes, bien que les chevaux du char soient encore un peu lourds. Cette médaille, frappée indifféremment avec les revers de Louis XIII et de Richelieu, fut exécutée en 1630. On distingue parmi les médailles de Jean Warin celle de la fondation du Val-de-Grace, accomplissement d'un vœu de la reine Anne d'Autriche devenue mère après vingt-deux ans de stérilité, et toutes les pièces relatives à la régence de cette princesse. L'une d'elles, portant l'effigie d'Anne d'Autriche, nous montre au revers un jeune aiglon couronné et s'élevant vers le ciel : présage qui plus tard fut justifié. L'une des pièces du sacre qui représente Louis XIV, la couronne en tête et en manteau royal, porte pour légende : *Salus populi suprema lex*, de sorte que le couronnement de Louis XIV est assimilé à une mesure de salut public. Plusieurs médailles de Richelieu, une médaille du *Vœu de Louis XIII* que M. Ingres a dû consulter, le

---

1 Une médaille gravée par Dufour eu 1673 a été consacrée à Warin, conseiller d'état, intendant-général des bâtiments et des monnaies de France. Elle nous le représente coiffé de la grande perruque à la Louis XIV et déjà fort avancé en âge. Au revers sont figurés les trois arts qu'il avait cultivés, la peinture, la sculpture et la gravure en médailles, avec cette légende : *Un seul suffisait pour le rendre immortel.*

Frédéric Mercey

beau médaillon qui représente Louis XIII et ses enfans, sont ce que Warin a produit de mieux et suffiraient pour caractériser sa manière. Warin se distingue de George Dupré par une certaine recherche de style qui n'exclut pas cependant la naïveté de l'expression dans les effigies, ni la délicatesse du travail dans les revers, toujours heureusement imaginés.

Cinq ans avant sa mort, en 1639, le roi Louis XIII avait installé la monnaie des médailles dans les galeries du Louvre avec le titre de *Monnaie du roi pour la fabrication des médailles, jetons et pièces de plaisir d'or, d'argent, de bronze et de cuivre*. C'est alors que fut réunie cette collection de poinçons dont parle Voltaire. Peu de temps après, le balancier fut définitivement adopté pour la fabrication des monnaies et médailles. Warin survécut au roi Louis XIII, et, comme nous l'avons vu, il grava les principales médailles de la minorité du roi Louis XIV. Il a également exécuté quelques-unes des pièces relatives au règne de ce prince ; mais le nombre en est très restreint, tandis qu'on a peine à compter les médailles dont il a dirigé l'exécution. Warin, en effet, forma cette grande école de graveurs parmi lesquels on distingue J. Mauger, Molart, Roussel, Clerion, Bénard, Breton, Dollin, Dufour, Cheron et plusieurs autres encore. Ce sont eux qui, pendant le long règne du grand roi, gravèrent ces médailles officielles dont les poinçons, déposés aujourd'hui à la Monnaie, sont au nombre de plus de cinq cents, et toutes ces médailles, relatives aux personnages considérables du temps, qu'on rencontre en si grand nombre dans les collections, La plupart de ces pièces sont exécutées avec une rare perfection, surtout pendant la première moitié du règne, tant que dure l'influence des maîtres de la fin du XVIe et du commencement du XVIIe siècle, tant que Jean Warin est là pour faire prévaloir les saines doctrines. C'est la belle époque de l'art, qui plus tard devient stationnaire.

On conçoit que sous un prince magnifique, passionné pour la gloire, avant des instincts de conquérant, ami des arts et des lettres, grand ami surtout de l'apparat, dont le règne a duré plus de soixante-douze ans, les médailles se soient multipliées au point de former, pour ce seul règne, une suite six fois plus nombreuse que pour les dix règnes qui ont précédé. On conçoit d'un autre côté que les graveurs du temps aient épuisé toutes les formules de l'adulation, nous dirons même de l'adoration. On connaît les fameuses devises devenues les légendes des diverses médailles qui ont pour revers un soleil rayonnant, emblème du roi : *Nec pluribus impar.* — *Sibi soli par.* — *Non clarior alter.* — Le même système de glorification à outrance apparaît dans la plupart des médailles du grand roi. Dans le nombre, nous signalerons celle des conquêtes du roi, *Victori perpetuo* ; celle de la soumission de Gênes, *Genua obsequens*, où l'on voit le doge prêt à fléchir le genou devant le roi debout sur les marches du trône, médaille d'une merveilleuse exécution au point de vue de la réalité. Nous citerons encore les médailles du passage du Rhin, de la Hollande subjuguée, et du combat de La Hogue, où Louis XIV figure en Neptune irrité. La quatrième médaille du règne est fort curieuse. Elle représente Louis XIV enfant, revêtu du manteau royal, le sceptre en main, élevé sur un pavois que soutiennent la Providence et la France, avec cette légende : *Francorum spesmagna ineunte regno.*[1] On voit que, tout absolu qu'il était, le roi admettait le principe originel de l'élection, et qu'il tenait à la consécration des anciens usages.

L'exécution de la plupart des médailles de Louis XIV est fort remarquable ; la composition des revers est riche, variée, mais quelquefois un peu théâtrale. C'est le défaut de l'art du grand règne, qui, surtout vers la fin, remplace le naturel et la naïveté du siècle précédent par la richesse et la pompe, et la grâce par la correction. On peut s'en convaincre par un rapide examen des médailles de cette époque les plus dignes d'intérêt.

Une des qualités les plus nécessaires à qui veut régner, et que Louis XIV possédait à un très haut degré, c'était la discrétion. Il savait se posséder et garder un secret. On a dit que l'empire était au *flegmatique* ; il appartient également au *discret*. Louis XIV, au début de son règne, donna la mesure du pouvoir qu'il avait sur lui-même et de sa discrétion dans l'affaire du surintendant Fouquet. Il n'est donc pas étonnant qu'une médaille frappée par son ordre soit destinée à rappeler le secret gardé dans les conseils

---

1 J. Mauger, 1643. Cette médaille n'a pas été frappée à cette date, non plus que la plupart des médailles de dix-huit lignes dites *petite suite uniforme*, que Louis XIV ne fit frapper que vers le milieu de son règne. L'Académie des inscriptions fut chargée de composer les sujets et les légendes de ces médailles, destinées à rappeler les principaux événements du grand règne. La plupart des médailles de dix-huit lignes furent répétées aussi de plus grand module, et souvent avec des variantes.

Frédéric Mercey

du roi. Cette médaille nous montre Harpocrate, dieu du silence, appuyé sur une colonne, le doigt appuyé sur la bouche et tenant une corne d'abondance avec cette légende : *Comes consiliorum*. Une des plus belles médailles du règne est celle qui fut frappée en commémoration de l'incendie de la flotte hollandaise à Tabago, en 1677. On voit d'un côté une Victoire tenant d'une main des foudres et de l'autre une palme ; une galère est sous ses pieds. La Victoire, grande et superbe, est évidemment inspirée de l'antique. La médaille de la délivrance des esclaves, qui suivit le bombardement d'Alger, 1673, est digne de la médaille de Tabago. À l'exception d'une Victoire qui terrasse un Algérien en lui montrant son bouclier orné d'une tête de Méduse, tout est réel dans cette composition et plein de couleur locale, comme on dit aujourd'hui. Les deux esclaves délivrés, et que l'artiste nous montre presque nus, la tête rasée, sont surtout remarquables. La soumission de la Savoie en 1690 a également inspiré une fort belle médaille. La Savoie est représentée sous l'image d'une femme en pleurs qui s'appuie sur la main droite ; autour d'elle s'élèvent de hautes montagnes que des nuages couronnent. Il y a là encore une intention de réalité assez rare pour l'époque. La victoire navale de Cadix, 1693, est très hardiment figurée par une Victoire qui foudroie un navire placé entre deux colonnes ; l'artiste ne s'est nullement inquiété des lignes un peu trop symétriques que présentaient, à la droite et à la gauche de sa composition, les deux colonnes d'Hercule, et il a eu raison.

Une singulière médaille, frappée en 1686, a pour objet de rappeler la découverte des satellites de Saturne. Saturne et son anneau occupent le centre de la médaille, que remplissent les orbites concentriques de ses nombreux satellites. Les médailles de la fondation de Saint-Cyr, de la réception de l'ambassade de Siam et des vœux de la France pour le salut du roi, sont de cette même année 1686. Cette dernière médaille, qui représente la France agenouillée devant un autel sur lequel fume un vase consacré, et tendant les mains vers le ciel, est l'une des plus remarquables de cette nombreuse série. La révocation de l'édit de Nantes a été l'occasion d'un grand médaillon très orné de Bertinet et de trois médailles. L'une représente l'*hérésie éteinte*, l'autre *la religion triomphante*, la troisième la *victoire de l'église sur les calvinistes*. Ces trois médailles, dont les deux dernières portent la date de

1685, sont peut-être les plus faibles de la collection. Cette vaine et orgueilleuse commémoration du désastreux édit a mal inspiré Molart, auteur de ces trois compositions.

Sous le roi Louis XV, l'art paraît stationnaire. Il ne nous offre guère qu'une exagération ou plutôt une corruption du style dominant à la fin du règne de Louis XIV. Roetiers, Leblanc, Léonard, Dassier, Fontaine, Duvivier, les graveurs à la mode, semblent se modeler sur les peintres : on abuse plus que jamais des symboles et emblèmes mythologiques, altérés par le goût du temps. C'est ainsi que la *régence* est figurée par un Hercule portant le ciel sur ses épaules avec cette légende : *Par virtus oneri* (sa force égale le fardeau). La chambre de justice, c'est Hercule pénétrant dans l'antre de Cacus pour l'assommer, avec cette légende : *Vindex avaræ fraudis* (vengeresse de la fraude et de l'avarice). Le bonheur de la France sous le régent a pour emblème Astrée qui descend du ciel sur la terre. — La duchesse d'Orléans, mère du régent, est transformée en Cybèle, fille et mère des dieux. Le jeune roi, dont les forces et l'intelligence se développent, n'est rien moins qu'Apollon vainqueur du serpent Python. S'il visite les académies, c'est Apollon qui s'entoure des neuf muses. La France médiatrice entre les Turcs, les Russes et les Persans, se transforme en dieu Terme : *Finium arbiter* (l'arbitre des frontières). Mars et Minerve doivent inévitablement figurer dans les médailles où il s'agit de la guerre on des sciences. Si le roi conquiert le Milanais sur les Autrichiens en 1733, c'est Mars *ultor*. C'est encore le dieu Mars qui gagne la bataille de Parme, qui pacifie la Corse en 1740, qui secourt l'électeur de Bavière, Mars *auxiliator* (1741), qui prend Bruxelles en 1746 avec dix-sept mestres de camp, dix-huit bataillons de fantassins et neuf escadrons de cavalerie. Comme cette conquête a lieu en février, c'est Mars *hiemis immemor*. La bataille de Fontenoy avait précédé la conquête des Flandres et la prise de Bruxelles. Cette fois le roi, qui assistait à la bataille et qui s'était bravement conduit, n'a pas consenti à abdiquer en faveur du dieu Mars. Il a vaincu en personne, il veut triompher en personne. Nous le voyons debout sur un char attelé de quatre chevaux, avec le dauphin à ses côtés. Une Victoire suit le quadrige, tenant une couronne de lauriers sur la tête du roi ; la légende porte : *Decus imperii gallici* (honneur de l'empire français). Cette médaille, inspirée de l'antique, est l'une

Frédéric Mercey

des meilleures de la collection du règne de Louis XV. L'Hyménée avec son flambeau figure inévitablement dans tous les mariages, comme Mars dans tous les combats : — au mariage de Mlle de Montpensier, du premier dauphin et du comte d'Artois, depuis Charles X. On croirait lire les madrigaux du temps. Cependant l'Hyménée fait défaut au mariage du dauphin, depuis Louis XVI. Ce mariage se célèbre en présence de la France et de l'Autriche. Marie-Antoinette, et le dauphin joignent leurs mains au-dessus d'un autel où brûle le feu sacré. La légende porte : *Sacrum oeternoe concordioe pignus* (gage sacré d'une concorde éternelle), présage que les événemens ont cruellement démenti.

Beaucoup de médailles de ce règne ont trait à des fondations d'édifices, car, il faut bien le remarquer, Paris, dans ces quarante années, s'embellit d'un grand nombre de monuments magnifiques. Ces médailles rappellent la pose de la première pierre de Saint-Eustache, 1753 ; la fondation de Saint-Sulpice et son achèvement, 1719-1754 ; la pose, de la première pierre de Sainte-Geneviève (le Panthéon), 1764 ; la fondation de l'École militaire, 1769 ; la construction de l'Hôtel des Monnaies, 1770 ; celle du pont de Neuilly, 1772. L'institution d'un prix de numismatique en 1754 est célébrée par une médaille, ainsi que le voyage des astronomes français en 1744. Le revers de cette dernière médaille nous montre le roi Louis XV debout sur le globe terrestre, donnant ses ordres à des génies chargés d'instruments d'astronomie, qui prennent leur vol chacun de son côté.

La plupart de ces médailles sont sans doute l'œuvre d'habiles graveurs, et l'exécution diffère peu de celle des médailles de Louis XIV ; elle paraît seulement plus hâtée et plus lâchée, et cela se conçoit pour un certain nombre de ces pièces qui n'ont que le mérite de l'à-propos et qu'il fallait improviser. On voit, du reste, que tous ces artistes savent parfaitement leur métier ; ce que l'on peut dire aussi des peintres et des sculpteurs de la même époque, qui ont beaucoup plus péché par défaut de goût que par ignorance des procédés d'exécution. L'influence de l'école de peinture à la mode se fait sentir jusque dans les moindres monuments de la numismatique : ce sont ces mêmes divinités qu'on croirait dérobées aux ballets mythologiques de l'Opéra et qui meublent d'une manière si charmante les plafonds des hôtels du temps.

Seulement, comme le prestige de la couleur n'existe pas, les défauts apparaissent dans toute leur nudité et sont plus choquants. Léonard et Duvivier conservent seuls une certaine pureté et une certaine clarté, sans échapper toutefois au mauvais goût régnant ; mais chez quelques artistes, particulièrement chez les auteurs des médailles de Clairon, de Voltaire, du marquis de Laglaisière et en général dans toutes les pièces à sujet, la confusion des groupes, le flamboiement de la ligne et du contour, la multiplicité et le mauvais choix des accessoires sont poussés à l'extrême ; la décadence paraît complète.

Sous Louis XVI, et surtout pendant les premières années de son règne, l'art suit les mêmes errements que sous son prédécesseur. Cependant on retrouve dans quelques-unes des médailles du temps ces mêmes tendances vers un art plus naturel et plus élevé que l'on observe dans les bronzes de la même époque et dans les monuments de la statuaire et de la peinture. Duvivier fils et Gatteaux le père sont les promoteurs de cette transformation. On doit remarquer également la disparition presque complète des allégories mythologiques, du moins dans les médailles officielles ; on leur substitue des attributs plus en rapport avec le caractère grave et pieux du monarque. La Religion, la Piété, la Foi, remplacent les Muses, les Minerves et toutes les déités d'autrefois. C'est la Religion en personne qui assiste au sacre du roi, tenant de la main gauche un calice surmonté d'une hostie rayonnante, et de la main droite la sainte ampoule avec laquelle elle va oindre le roi agenouillé devant elle. La couronne de France, le sceptre et la main de justice sont posés sur un tabouret placé à côté de l'autel. Cette médaille est de Gatteaux le père. Les médailles de George Washington et de Paul Jones, vainqueurs l'un à Boston, l'autre à Sérapis, nous les montrent en personne, dans leurs costumes de général et d'amiral, sans attributs et sans allégories. Plusieurs médailles furent simultanément frappées en l'honneur des frères Montgolfier, inventeurs des aérostats. L'une d'elles nous fait assister à une véritable ascension au milieu du Champ de Mars ; une autre, de Gatteaux le père, nous montre la Terre couronnée de tours, appuyée sur un lion, considérant avec surprise un ballon sous lequel un génie tient une torche enflammée. On connaît la fameuse médaille de Franklin qui porte d'un côté le buste du réformateur,

Frédéric Mercey

avec cette inscription que nous traduisons du latin *Benjamin Franklin, né à Boston le 17 janvier 1706*, et au revers, une couronne de chêne avec cette légende dans le champ : *Eripuit coelo fulmen sceptrumque tyrannis*. Cette médaille est du graveur Auguste Dupré ; elle parut en 1786, trois ans avant la prise de la Bastille.

Deux médailles du *tiers-état de Provence* et du *tiers-état de Franche-Comté* sont comme les premiers préludes d'une révolution qu'on voit bientôt éclater. Les médailles du *14 Juillet*, de la *Prise de la Bastille*, de *Necker*, de l'*Établissement de la Mairie de Paris*, du *6 Octobre*, marquent chacune des dates mémorables ou fatales de cette grande crise sociale. Ces médailles, exécutées par Duvivier fils, Auguste Dupré et autres, et frappées à la Monnaie, sont en général assez médiocres : on y retrouve encore néanmoins un certain respect des conditions de l'art ; mais, après le 14 juillet et le 6 octobre, les artistes ou soi-disant tels étant affranchis de toute autorisation préalable et pouvant faire frapper des médailles en dehors des ateliers de l'état, chaque événement est exploité par une foule de graveurs sans talent, dont la plupart n'avaient fabriqué jusqu'alors que des timbres ou des boutons. Les productions se multiplient, et, à de rares exceptions près, sont d'une telle faiblesse et annoncent une telle ignorance des premiers éléments de l'art du dessin, qu'il semble qu'on soit revenu à ces époques de barbarie qui ont précédé la civilisation moderne. Dans les légendes, trop souvent odieuses, qui accompagnent ces grotesques représentations du fait ou les images de chacun des grands hommes du jour, l'orthographe n'est pas même respectée, de sorte que les lois de la morale, du dessin et de la grammaire sont outragées du même coup. Au point de vue historique et sous le rapport de l'art, il est curieux toutefois de jeter un coup d'œil sur ces nombreux et trop souvent informes monuments de la numismatique révolutionnaire.

Les médailles qui précèdent ou accompagnent la réunion de l'assemblée constituante sont des médailles d'espérances ou de félicitations adressées au monarque. Louis XVI est le *bon roi*, le *prince libérateur* ; beaucoup portent en légende ou à l'exergue : *Vive Louis XVI pour le bonheur de son peuple*. La concorde la plus touchante semble régner, et l'on voit sur l'une de ces médailles le bras du tiers-état soutenant la couronne. Une fois l'assemblée installée, ce sont les trois ordres qui deviennent *l'espoir du peuple*. Ces médailles sont d'une extrême faiblesse, et l'événement ne paraît pas avoir inspiré les graveurs. Quelques-unes sont ignobles. Sur l'une de ces dernières, on lit la légende suivante dont nous conservons l'orthographe : *Les trois ordres nous faits espérer le bonheur de la France.* La figure des trois ordres est digne de la légende ; il paraît impossible que ce ne soit pas une caricature. Survient tout à coup la prise de la Bastille, figurée avec un certain mouvement sur la grande médaille d'Andrieu, qui n'est toutefois qu'une flatterie impudente à l'adresse du peuple héroïque, et représentée dans la plupart des autres de la façon la plus grossière et la plus baroque.

À la suite de la prise de la Bastille, les médailles de *Necker* se multiplient. On en connaît jusqu'à onze de toutes les grandeurs et dont quelques-unes sont *forgées avec les chaînes de la tyrannie.* En octobre, une médaille d'Andrieu nous montre la nation qui a conquis son roi. Au pied de la statue du roi Louis XV, sur la place de la Concorde et à ce même endroit où, quatre ans plus tard, la tête du malheureux prince doit tomber, on voit le carrosse du roi ramené de Versailles et entouré de la populace du temps, au milieu de laquelle on aperçoit Lafayette à cheval. Trois médailles retracent ou célèbrent la fête de la Fédération, anniversaire du 14 juillet. L'une d'elles, qui représente un héros antique appuyé sur un canon, avec un trophée d'armes à ses pieds, et au fond une bastille démantelée, dénote chez le graveur une certaine pratique de l'art ; les autres, bien que quelques-unes soient frappées avec le métal provenant *des chaînes de l'ancienne servitude française* (style du temps), ne présentent que de hideuses ou informes images de la réalité, de grotesques caricatures. Nous sommes étonnés de ne rencontrer qu'une seule médaille du *10 août,* frappée sur l'ordre de la commune de Paris, et de deux modules différents. Cette pièce représente une Victoire antique foulant aux pieds un sceptre et une couronne, s'appuyant sur une pique surmontée du bonnet phrygien, qu'elle tient de la main gauche, et, de la droite, brandissant la foudre, avec cette légende : *Exemple des peuples* ! Cette médaille, qui est de Duvivier fils, qui ne l'a signée qu'à demi, c'est-à-dire des trois premières lettres de son nom, est peut-être la meilleure du temps ; le mouvement de la figure est très remarquable.

Jusqu'à ce jour, la révolution triomphe sans obstacles et en quelque sorte sans contradiction. C'est une marée montante qui balaie tout devant elle. Ce n'est qu'au loin que la résistance se prépare et s'organise. Elle s'annonce par deux médailles commémoratives du congrès de Pilnitz, où sont figurés les trois souverains alliés, l'empereur Léopold, le roi de Prusse et l'électeur de Saxe, et par une médaille anglaise du *14 Juillet* tout-à-fait contre-révolutionnaire. On voit d'un côté une harpie affublée d'un manteau royal, brandissant une pique surmontée du bonnet rouge, avec cette légende : *Our food is sédition* (notre nourriture est la sédition), et au revers un serpent qui se glisse entre des herbes, au-dessus duquel sont écrits ces mots : *Nourished for forment*, et à l'exergue : *17 juillet 1790*. Après le 21 janvier, la réaction éclate avec une formidable unanimité, réaction de colère chez les étrangers, de pitié chez le peuple et la bourgeoisie égarée. Les vingt et quelques médailles frappées à l'occasion de ce crime politique sont toutes inspirées par l'un ou l'autre de ces sentiments ; toutes flétrissent le crime ou le déplorent.

Le glorieux fanatisme de Charlotte Corday est l'occasion de plusieurs médailles, consacrées, les unes à la sublime meurtrière, les autres à sa hideuse victime. Parmi ces dernières, nous signalerons une tête de Marat coiffée d'un mouchoir, sous laquelle on lit ce seul mot : *Marat*. Cette médaille a dû être sans aucun doute exécutée sous la direction de David, dont elle rappelle le terrible tableau. Sept médailles sont dédiées à Charlotte Corday. Sur six d'entre elles, on la voit représentée dans le costume que nous connaissons, et avec ces seuls mots en exergue : *Décapitée à Paris le 17 juillet 1793*. Une seule médaille, frappée sans doute hors de France (car le nom de Charlotte y est singulièrement estropié, on l'appelle *Gordet-Darmand* au lieu de *Corday-Darmans*), porte au revers une couronne de chêne avec les mots : *Bien méritée*. C'est le seul hommage public qui ait été adressé à sa mémoire. Il est vrai que, dans l'hymne magnifique qu'il lui a consacré, André Chénier s'écriait

La Grèce, ô fille illustre ! admirant ton courage,
Épuiserait Paros pour placer ton image
Auprès d'Harmodius, auprès de son ami ;
Et des chœurs sur ta tombe, en une sainte ivresse,
Chanteraient Némésis, la tardive déesse
Qui frappe le méchant sur son trône endormi ;

mais cet hymne n'a été rendu public que vingt-sept ans après la mort de la victime, et Paros n'a pas fourni un seul bloc pour faire revivre les traits de l'héroïque jeune fille.

La mort néfaste de la reine Marie-Antoinette réveille avec un redoublement d'énergie ces sentiments d'horreur ou de pitié inspirés par l'exécution du roi Louis XVI. La plus importante des nombreuses médailles commémoratives de ce fatal événement nous montre d'un côté la reine en costume d'apparat, dans tout l'éclat de sa jeunesse et de sa puissance ; au revers, nous la voyons dans l'ignoble tombereau, la tête nue et rasée, les mains attachées derrière le dos, au fond et au-dessus de la foule immense apparaît la hideuse guillotine. Jamais opposition n'a été plus tranchée, jamais revers de médaille n'a été plus terrible. Une autre de ces médailles porte au revers une furie tenant une torche allumée de la main gauche, et de la main droite une balance dont un poignard abaisse un des plateaux ; le plateau qui s'élève contient une couronne et les tables de la loi. Cette composition est remarquable d'énergie.

Pendant toute la seconde moitié de 1793 et les premiers mois de 1794, des médailles plus affreuses les unes que les autres sont frappées quotidiennement. Ce sont toujours des piques et des bonnets rouges au revers, rayonnant comme des couronnes. Quelquefois un homme du peuple, espèce d'Hercule en manches de chemise, une Liberté débraillée ou armée d'une hache, et toujours pour légende : *La liberté ou la mort* ! C'est la honte de l'art consacrant la honte du pays. Marat, Chalier, Lepelletier-Saint-Fargeau, sont figurés sur plusieurs de ces médailles, où quelquefois nous les voyons réunis comme les trois martyrs de la liberté.

Nous ne connaissons qu'une médaille de Maximilien Robespierre, reproduite de trois modules différents avec de très légères variantes. Elle porte d'un côté 40 thermidor an u, et montre Robespierre face à face avec Cécile Renaud ; or} y lit cette légende : *J'ai voulu voir comment était fait un tyran*. C'est donc une médaille vengeresse. Plusieurs pièces de divers modules déplorent la captivité du dauphin Louis XVII et de sa sœur. Elles sont exécutées avec soin, et la figure du jeune prince doit être ressemblante. Une de ces médailles est commémorative de la mise en liberté de la princesse, le 19 décembre 1795. Elle, a été exécutée avec un soin tout

Frédéric Mercey

particulier. Une autre pièce avec anneau nous représente un jeune aiglon présentant ses serres avec cette légende : *A bas l'anarchie, vive Louis XVII* ! Cette pièce était portée par les royalistes.

Section III

L'année 1796 amène une sorte de révolution dans l'art, réduit depuis trop longtemps à consacrer les hideux triomphes de l'anarchie et à glorifier ses héros ou ses victimes. Cette année ouvre l'ère triomphale des médailles napoléoniennes. La première médaille de cette nouvelle série est de M. Gayrard ; elle porte d'un côté le buste de Bonaparte, sans légende ; de l'autre, elle représente une Victoire ailée tenant une couronne et une branche de laurier, et à l'exergue : *Bataille de Montenotte*, 1796. La couronne et le laurier ont été, comme on voit, de favorable augure. Les médailles commémoratives de la *Bataille de Millesimo*, du *Passage du Pô* et de *l'Adda*, et des victoires de *Castiglione* et de *Peschiera*, sont des chefs-d'œuvre à côté de tout ce qu'a produit la période révolutionnaire. Le jeune héros a du bonheur en tout ; il trouve des artistes dignes de sa gloire. L'une de ces médailles, celle de *Castiglione*, fut votée à l'armée d'Italie par une loi du 27 thermidor an IV, comme l'indique l'inscription du revers ; elle nous représente trois guerriers nus dans le style antique : l'un d'eux a été terrassé ; le second est blessé et fléchit le genou ; le troisième debout tient son glaive levé et va lui donner le coup mortel. L'agencement de ces trois figures est excellent. Cette médaille est de Lavy. C'est, du reste, un moment de renaissance pour les arts, comme nous l'indiquent la médaille d'*Apollo palatinus*, qui célèbre l'ouverture du musée central des arts, et la médaille d'*Alexandre Lenoir*, administrateur du musée des monuments français.

Les médailles de la *Reddition de Mantoue*, de Lavy et de Duvivier, qui se sont bornés à représenter à la face le buste de Virgile, et au revers une couronne murale placée sur un cygne, avec l'énonciation et la date de l'événement, et les médailles du *Passage du Tagliamento* et de la *Prise de Trieste*, de Lavy également, sont dignes des autres médailles commémoratives de la conquête de l'Italie. Cependant le héros qui vient de se révéler n'est pas toujours aussi heureux, et quelques-unes des médailles qu'il a inspirées se ressentent encore de la barbarie de l'ère précédente. La médaille du *Traité de Campo-Formio*, offerte au vainqueur par l'Institut national, et que Duvivier a composée, nous présente une image peu fidèle du destinataire. Le revers nous le montre à cheval, costumé à l'antique, tenant à la main une branche de laurier, précédé par la Prudence et la Valeur, et suivi d'une Victoire ailée qui, de la main droite, place une couronne sur la tête du héros, et de la gauche porte l'Apollon du Belvédère avec cette légende : *La science et les arts reconnaissants, paix signée en l'an VI.* Deux médailles caractéristiques, les dernières de l'époque révolutionnaire, indiquent nettement la transition entre le régime démocratique et un nouvel ordre de choses. Sur la première, qui représente le *Retour d'Égypte* et *l'Arrivée à Fréjus*, l'artiste a figuré d'un côté deux frégates voguant à pleines voiles, et de l'autre le dieu *Bonus Eventus*, représenté comme sur les monnaies romaines. La seconde est la médaille du *18 brumaire*.

Les médailles napoléoniennes dont les coins sont conservés à la Monnaie de Paris sont au nombre d'environ deux cents. Nous avons fait connaître celles qui précèdent le consulat : une seule pièce assez faible représente Bonaparte premier consul ; on lit au revers et au centre d'une couronne de lauriers : *Il affermit par ses victoires, honore par ses vertus, fait aimer par sa modération la république et la liberté.* Il parait qu'au moment où cette médaille fut frappée, les idées à la Washington dominaient encore ; mais voici déjà le passage du mont Saint-Bernard. D'un côté, la Victoire nous apparaît debout sur un canon placé sur une espèce de traîneau auquel des chevaux qu'elle dirige font gravir le sommet d'une montagne escarpée ; de l'autre côté, onze clés, faisant allusion au même nombre de villes qui ouvrirent leurs portes le lendemain de la bataille de Marengo, sont suspendues à un anneau. Cette médaille du Saint-Bernard a été exécutée par Dubois, sous la direction de Denon. La *Bataille de Marengo*, la *Mort de Desaix*, l'*Attentat du 3 nivôse*, la *Paix de Lunéville*, la *Paix d'Amiens*, l'*Arrivée de la Vénus de Médicis*, l'*Ouverture du Musée Napoléon*, la *Création de l'ordre de la Légion-d'Honneur*, en un mot tous ces incidents fameux d'une heureuse et brillante époque sont rappelés par une suite de médailles fort remarquables pour la plupart. Napoléon nous apparaît pour la première fois en empereur sur les médailles du *Camp de Boulogne*. Bientôt nous assistons à son couronnement, puis au sacre, et toute l'ère impériale se déroule devant nous. Il faut en convenir, jamais la numismatique n'a eu à consacrer de plus glorieux et de plus mémorables événements, et si l'art ne se maintient pas toujours à leur hauteur, du moins témoigne-t-il des plus louables efforts. La plupart de ces médailles sont exécutées, sous la direction de M. Denon, par Duvivier, Andrieu, Gatteaux père, Brennet, Dupré. Leur manière se ressent du retour absolu de l'école française aux traditions antiques. L'art n'a peut-être plus ni la même ampleur ni la même liberté que sous Louis XIV et Louis XV : il a fait divorce avec la peinture et s'inspire exclusivement de la statuaire et du bas-relief ; mais cette rigueur et ce parti pris nous paraissent tout-à-fait convenir à ce genre de composition. Peut-être seulement recommence-t-on à abuser, comme sous Louis XIV et Louis XV, des allégories et emblèmes mythologiques et à se modeler trop uniformément sur les chefs-d'œuvre de l'antiquité. Le mode d'interprétation n'est plus le même qu'autrefois ; il est moins fleuri, plus capricieux, et se rapproche beaucoup plus de la vérité. La physionomie napoléonienne est d'ailleurs bien plus dans les données antiques que, celle des rois Louis XIV et Louis XV. Toutefois on nous représente trop souvent l'homme illustre en empereur romain, en Hercule, en Mars, en Fabius, etc. Souvent aussi l'imitation de l'antique est trop littérale, quelquefois même on se borne à de simples restitutions, comme dans la médaille du *Bonus Eventus*. Néanmoins la plupart des médailles de cette grande époque présentent un véritable intérêt, et quelques-unes ont un caractère d'ingénieuse majesté. Nous citerons, par exemple, celle de la *campagne de 1809*. On voit d'un côté la porte Saint-Martin avec ces mots gravés à l'exergue : *L'empereur part de Paris le 13 avril 1809*, et de l'autre côté, la porte de Carinthie, à Vienne, avec ceux-ci : *L'empereur entre à Vienne le 13 mai 1809*. Nous citerons encore les médailles de la *Réunion de l'État romain à l'Empire*, avec cette légende : *Aquila redux*, 1809, et celle du *Séjour à Schœnbrunn*, où Napoléon est figuré en *Jupiter Stator*. Il est inutile de dire que ces médailles ont été exécutées sous la direction intelligente du spirituel Denon, chez qui l'idée abondait, et qui a fourni la plupart des thèmes que d'habiles graveurs ont reproduits.

Section III

Il n'est pas jusqu'au module de 18 lignes (41 millimètres), adopté uniformément pour toutes les médailles de la série napoléonienne, qui n'ait exercé une heureuse influence sur le talent des artistes, qu'il astreignait à la concision et à une énergique sobriété. Il est difficile, en effet, de développer longuement une idée et surtout de la rendre sensible au moyen d'accessoires dans un champ aussi restreint. Il faut que, comme la lumière, elle puise en elle-même sa clarté, et que le sujet soit assez nettement indiqué, assez frappant, pour être compris sans commentaires. Il faut joindre à ces causes l'influence du goût alors régnant. On découvre dans les médailles impériales l'influence de l'école de David, comme on retrouve Lebrun dans les médailles de Louis XIV, et les Vanloo et Boucher dans celles de la fin de Louis XV et du commencement de Louis XVI. On sent aussi que les artistes ont dû obéir aux nécessités que nous venons d'indiquer ; mais peut-être ce même système qui rend la poésie du temps si stérilement fastidieuse et la peinture si froide et si compassée, appliqué à la numismatique, devient-il une source de beautés réelles et un motif d'originalité. Quoi qu'il en soit, les médailles impériales marqueront dans l'histoire de l'art français. Un reflet de la puissance et du génie du maître brille dans chacune d'elles ; rapprochées et classées, elles forment un monument qui, par l'accord de toutes ses parties et la majestueuse simplicité de l'ensemble, est digne de figurer à côté des belles et nombreuses fondations de cette glorieuse époque.

Les médailles de la restauration et des rois Louis XVIII et Charles X - dont les coins existent à la Monnaie s'élèvent à cent soixante-trois pour les deux règnes. Un certain nombre ont été gravées par les auteurs mêmes des médailles de l'époque impériale ; l'infériorité résulte donc plutôt ici des types et des sujets que du mode d'exécution. La tête massive et intelligente du roi Louis XVIII, le buste aristocratique, mais incorrect, du roi Charles X, remplacent assez tristement à la face cette belle tête de l'empereur Napoléon, qui semble empruntée à un camée antique. La consécration d'un passé douloureux et humiliant ou d'une paix qu'on doit subir, ces premiers événements d'un nouveau règne qui peut faire concevoir d'heureuses espérances, mais qui ne réveille que d'affligeants souvenirs, le séjour des souverains étrangers dans la capitale conquise, leurs visites dans nos établissements nationaux, le

Frédéric Mercey

départ de leurs soldats, sont peu propres à inspirer le génie des artistes chargés de perpétuer la mémoire de ces événements. Les solennités du mariage du duc de Berri sont bientôt suivies de ses funérailles. Les médailles les plus intéressantes de cette époque sont certainement celles qui sont consacrées aux beaux-arts, telles que celles de *la Restauration des Musées*, par M. Desbœufs, triste restauration, hélas ! du *Rétablissement des statues de Henri IV, Louis XIV* et *Louis XV*, et de la *Statue de Turenne à Sédan*, par M. Barre, du *Monument élevé à Jeanne d'Arc à Domrémy*, et de la *Découverte de la Vénus de Milo* : ces deux dernières médailles sont de M. Depaulis ; elles promettent tout ce qu'il a tenu. Les fondations d'églises et les pompes religieuses donnent lieu nécessairement à de nombreuses médailles. On distingue dans le nombre celles de M. Barre, qui rappellent la fondation des églises de Saint-Vincent de Paul et de Notre-Dame de Lorette et l'église Sainte-Geneviève rendue au culte. Tout à coup un souvenir de guerre se mêle à ces préoccupations pacifiques : c'est celui de la prise du Trocadéro. Tout l'honneur semble en revenir au prince de Carignan, dont le buste remplace sur la médaille consacrée à ce fait d'armes la tête du roi Louis XVIII. Au revers sont inscrits ces mots, entourés d'une couronne de lauriers : *Les régiments de la garde ont offert au prince de Carignan les épaulettes de grenadier.* Trois autres médailles consacrent le souvenir de cette velléité belliqueuse de la restauration. L'une d'elles porte à la face la tête du duc d'Angoulême, les deux autres présentent le buste de Louis XVIII. La mort de ce monarque est rappelée par une médaille de M. Galle, d'une simplicité antique. Sur un vase funéraire sont inscrits ces seuls mots : *Mort du roi*, et à l'exergue *le 16 septembre 1824*. L'avènement du roi Charles X est l'occasion d'une fort belle médaille de M. Depaulis. Puis survient la royale solennité de Reims. Le sacre, l'onction, le couronnement et l'intronisation sont célébrés dans onze médailles, parmi lesquelles nous signalerons celles de MM. Barre, Cannois, Gayrard et Caqué. Les souvenirs de ce règne de quelques années sont tous des souvenirs de paix : des restaurations, des fondations ou des consécrations d'églises, des rétablissements de statues ou de monuments. On répare des ruines sur un sol qui recommence à trembler.

Une médaille singulière de M. Barre, qui porte à la face les têtes superposées du roi et de la reine des Deux-Siciles et de leurs fils, et au revers huit médaillons représentant la reine d'Espagne, l'infant et l'infante d'Espagne, le duc et la duchesse d'Orléans, la duchesse de Berri, Mlle d'Orléans et le duc de Chartres, est destinée à rappeler la réunion de onze membres de la famille des Bourbons à Grenoble le 31 octobre 1829. Avant qu'une année se soit écoulée, le vent des révolutions aura brisé ce faisceau, changé les destinées de tous ces princes et rejeté sur la terre d'exil la duchesse de Berri et le vieux Charles X. Cette curieuse médaille est suivie de celle de la visite de leurs majestés siciliennes à la Monnaie, exécutée par M. Barre. C'était le 31 mai 1830, à la veille de la révolution de juillet, que cette visite avait lieu.

M. Caqué est le héraut des révolutions. C'est lui qui le premier annonce par sa médaille des *trois journées* le nouvel événement ; une autre médaille, celle de la protestation des journalistes, qui porte d'un côté une Renommée et au revers les noms des signataires de la protestation, en indique le principe. Le règne du roi Louis-Philippe, qui a duré dix-huit années, est peut-être l'époque qui aura vu paraître le plus grand nombre de médailles. Indépendamment des coins et pièces officielles existant à la Monnaie, plus d'un millier de médailles ont été publiées de 1830 à 1848 par des particuliers et frappées par les balanciers de l'état ; d'autres encore, en nombre fort restreint, il est vrai, ont paru clandestinement et sans autorisation.

À partir du règne de Louis XVIII, une modification qui, plus tard, devait amener une sorte de révolution dans l'art, s'était manifestée dans la gravure en médailles. Nous voulons parler de l'extension donnée au module, qui, sous le règne de ce prince et du roi Charles X, passa des 18 lignes (41 millimètres), adoptées sous l'empire, à 22, 24, 26, 30 lignes (50, 54, 56, 68 millimètres), et s'étendit même jusqu'à 34 lignes (76 millimètres). La médaille du *Sacre du roi Charles X*, de M. Bovy, et celle de *la Vendée*, par M. Caqué, sont de ce dernier module, maximum atteint à cette époque, où l'on se renferme plus volontiers dans les 22 lignes (50 millimètres). Sous le roi Louis-Philippe, ce module de 22 lignes, d'abord généralement adopté, ne tarde pas à prendre un singulier développement. C'est ainsi que nous voyons les médailles du *Choléra* atteindre le module de 68 et même de 81 millimètres. La médaille de l'*Avènement du roi Louis-Philippe*, de M. Depaulis, la

Frédéric Mercey

belle médaille de *la Famille royale*, de M. Barre, arrivent également au module de 81 millimètres. Vers 1834 et 1835, le module de 68 millimètres (30 lignes) est généralement employé. Nous le voyons adopté pour la grande médaille de *l'École des Beaux-Arts*, pour les médailles de *Masséna*, des *Orphelins du Choléra*, de l'*Achèvement de l'École des Beaux-Arts*, de *Jean-Jacques Rousseau*, de *Cuvier*, de l'*Attentat de Fieschi*, de *la Statue de Corneille*, etc., etc. En 1836 et dans les années qui suivent, on commence à se trouver à l'étroit dans les 68 millimètres, on gagne insensiblement 72 millimètres (32 lignes). La médaille du *Roi et du Prince de Salerne visitant la Monnaie*, celle du *Commerce de Marseille*, sont déjà de ce module, qui, à partir de 1840, se reproduit très fréquemment. M. Caunois l'adopte pour la belle médaille de *la Colonne de juillet* et pour la médaille du *9 août*. MM. Depaulis, Domard et Barre l'emploient dans leurs médailles de la *Lieutenance-générale*, de la *Naissance du comte de Paris* et de l'*Hommage au roi*, par Mme Adelaïde ; le premier en tire un très heureux parti dans sa médaille de *Saint-Jean d'Ulloa*, qui exige un champ assez vaste. C'est vers cette même époque qu'apparaissent ces pièces frappées qui sortent de toutes les proportions connues, et qu'on ne doit considérer que comme des curiosités numismatiques. Nous voulons parler des médailles de MM. Persil et Guizot, l'une du module de 95 millimètres, l'autre de 100, et enfin la grande médaille commémorative de *la Loi des chemins de fer*, votée en 1842, du module de 113 millimètres (52 lignes).

La nombreuse collection des médailles frappées sous le règne du roi Louis-Philippe embrasse non-seulement les sujets contemporains, mais toute espèce de sujets, et il en existe peut-être autant de rétrospectives que de commémoratives. Au début du règne, ce sont les trois grandes journées et la révolution triomphante que chacun célèbre à l'envi. Bientôt M. Barre retrace le *Serment du roi*, M. Petit le *Rétablissement de la garde nationale*, figurée en Minerve et posant son épée sur les tables de la loi, que plus tard elle doit briser. Puis M. Gayrard nous fait assister à *la Distribution des drapeaux* faite par le roi Louis-Philippe en personne dans l'une de ces revues enthousiastes qui suivirent la révolution de 1830. Les souvenirs de la république et de l'empire se sont ravivés. On célèbre à la fois la pose de la première pierre du monument commémoratif de la prise de la Bastille et le rétablissement de la statue de l'empereur Napoléon sur la colonne. Quatre artistes, M. Brennet, le graveur émérite de l'époque impériale, qui veut rendre un dernier hommage au héros qui l'a si longtemps et si heureusement inspiré, et MM. Domard, Caqué et Montagny retracent à la fois ce dernier événement. Hoche, Kléber et Fergusson se partagent, avec Ney, Soult et le duc de Reichstadt, les sympathies de nos artistes. La prise d'Anvers et l'invasion du choléra sont simultanément l'occasion de nombreuses médailles. L'héroïque Pologne n'est pas oubliée. Lafayette et Casimir Périer, Béranger et Chateaubriand sont glorifiés tour à tour. Ces sympathies si diverses nous donnent une idée assez exacte du mouvement qui emporte la société.

L'attentat Fieschi éclate comme un coup de tonnerre. Dix médailles, frappées en mémoire de cet événement néfaste, dévouent le meurtrier à l'exécration de la postérité en consacrant le souvenir de ses victimes. L'année suivante (1836), l'achèvement de l'Arc de triomphe de l'Étoile est l'occasion d'un même nombre de médailles, parmi lesquelles on distingue celles de MM. Barre et Beaucher. Huit médailles sont consacrées au transport et à l'érection de l'obélisque de Luxor, dix à l'ouverture du musée de Versailles, dont une du module de 81 millimètres, par M. Depaulis. Vingt médailles célèbrent le mariage du duc d'Orléans, et nous font assister aux solennités et aux fêtes qui accompagnèrent cette union. Le navire qui porte la fortune de la nouvelle monarchie a passé les hauts écueils ; il vogue sur une mer libre et tranquille, et tout semble favorable à l'adroit pilote qui le dirige. Un an après le mariage du duc d'Orléans, nous assistons à la naissance du comte de Paris ; mais, dans l'année qui suit, la mort de la princesse Marie, premier deuil de la famille d'Orléans, interrompt subitement le cours de ses prospérités. Parmi les médailles commémoratives de cette mort prématurée, nous citerons celle du module de 68 millimètres, qui rappelle à la fois le mariage et les funérailles, puis celle où l'artiste a eu l'heureuse idée de reproduire au revers la statue de Jeanne d'Arc, le chef-d'œuvre de la jeune princesse.

Dans la période qui s'étend de 1838 à 1840, les médailles semblent se multiplier. La même époque voit célébrer la *Prise de Constantine*, la *Visite du roi Louis-Philippe à Champlâtreux* et l'*Occupation définitive de l'Algérie*. Chaque homme illustre ou soi-disant tel trouve son graveur. Lafayette, Kosciusko et Washington sont réunis sur la même médaille. Nicolas, empereur de Russie, le poète boulanger de Nîmes, Geoffroy-Saint-Hilaire, le maréchal Lobau, M. Isambert, le docteur Bouillaud et bien d'autres encore ont chacun leur médaille. Les monuments rétrospectifs abondent. La prise du Louvre, la prise de l'Hôtel-de-Ville et la protestation des journalistes reparaissent au commencement de 1839, en même temps que la médaille de l'amnistie. Il y a là une sorte d'à-propos, car cette amnistie comprend plus d'un de ces vainqueurs des trois journées et de ces *protestans* du journalisme. Pendant ce temps, la popularité du héros des temps modernes grandit et s'accroît. Ce n'est plus seulement de l'étonnement ou de l'admiration, c'est un culte. De nombreuses restitutions des médailles impériales, des médailles nouvelles, consacrent chaque jour le souvenir des épisodes mémorables de l'épopée napoléonienne. Trente médailles saluent l'arrivée à Paris du cercueil de Napoléon en décembre 1840. À ces glorieux souvenirs du passé se mêlent quelques commémorations de nos gloires contemporaines : la *Prise de Constantine*, le *Passage des Portes-de-Fer*. Nous touchons cependant à la grande douleur du dernier règne, au premier et plus terrible coup porté à ce monument si péniblement fondé et qu'on pouvait croire si solide à cette mort inopinée du jeune prince, l'orgueil et l'espoir de cette nouvelle race royale. Parmi les médailles sans nombre inspirées par ce douloureux événement, on ne distingue guère que celles de MM. Barre et Caqué et la touchante médaille où sont réunis la princesse Marie et le prince royal.

Les grandes découvertes, les inventions utiles, tout ce qui frappe l'imagination des hommes ou ce qui sert leurs intérêts est assuré des suffrages de la foule et ne manque jamais d'inspirer le talent des artistes. Nous ne devons donc pas être surpris si la plus grande découverte des temps modernes, l'application de la vapeur à la locomotion, a été le thème d'un si grand nombre de médailles. Chaque loi nouvelle, chaque inauguration de chemin de fer est célébrée par quelque pièce de ce genre. Cependant, il faut le dire, nos graveurs ne se mettent guère en frais d'imagination, et ne reproduisent au revers qu'un même type, une locomotive. Quelquefois à la locomotive ils joignent un train lancé à toute vapeur traversant un viaduc, franchissant une rivière, s'enfonçant sous un tunnel. Nous l'avons dit tout-à-l'heure, la loi sur les chemins de fer, de 1842, a été l'occasion de la plus grande médaille contemporaine, celle qui a été exécutée, par les ordres du ministère des travaux publics, et dont M. Bovy est l'auteur. Cette médaille, dont on ne saurait approuver les proportions, est, sous tous les autres rapports, l'une des plus heureuses inspirations de la numismatique moderne. La Loi siège sur un trône élevé ; elle domine de vastes régions sillonnées par de nombreuses voies de fer qui s'enfoncent dans le plus lointain horizon : son attitude est majestueuse, son geste souverain. Elle vient de donner le signal du départ à deux génies placés à ses côtés, et qui, sous les traits de Mercure et de Mars, personnifient le commerce et la guerre. Ce ne sont toutefois ni le Mars ni le Mercure antiques, l'un attaché au sol par sa cuirasse et ses armes pesantes, l'autre n'ayant pour se mouvoir dans l'espace que les ailerons de son pétase et de sa chaussure. C'est Mars et Mercure portés par de vastes ailes, les ailes de l'aigle, et s'élançant avec une fougue inimaginable dans la même direction que les voies ferrées sur lesquelles tous deux planent. Le sujet s'explique si bien de soi-même, que la légende qui porte *Dant ignotas Marti novasque Mercurio alas*, nous paraît presque superflue.

La simple nomenclature des médailles frappées pendant ce règne de dix-huit années remplirait un volume ; nous nous bornerons donc à en décrire un petit nombre des plus remarquables, et dont quelques-unes ont paru à la veille de la chute de la monarchie, dont elles rappelaient les derniers actes et les derniers triomphes. Telles sont les médailles de la *Translation des restes de l'empereur Napoléon*, par M. Galle, et de leur *Réception aux Invalides*, par M. Barre ; celles du *Bombardement de Mogador*, de la *Bataille d'Isly* et de la *Prise de Saint-Jean-d'Ulloa*, par M. Depaulis. Cette dernière médaille est de grand module (72 millimètres). Cette dimension extrême, et qu'à notre avis l'art ne doit pas dépasser, est justifiée cette fois par la nature du sujet et par le système d'interprétation qu'avait adopté l'habile graveur. Comme M. Ingres en avait donné l'exemple dans sa composition de *Napoléon passant le Rhin*, M. Depaulis a combiné hardiment l'allégorie et la réalité. Sur le premier plan, nous voyons une frégate française toute gréée, qui a mis en panne et qui s'apprête à foudroyer le château et la ville de

Frédéric Mercey

Saint-Jean-d'Ulloa, figurés sur le second plan avec une exactitude qui n'enlève rien au pittoresque. À l'horizon, on aperçoit les sommités anguleuses de la montagne qui domine la ville. Cette belle marine, exécutée sans maigreur et néanmoins avec une rare précision, car on peut compter les cordages et les embrasures du navire, est surmontée par une Victoire ailée, armée de la foudre et portant le drapeau de la France. Le jet de cette figure est d'une grande énergie. On sent que rien ne peut lui résister et qu'elle doit planter son étendard là où elle s'arrêtera. Au-dessus de la figure est inscrite la légende suivante : *Jus gentium armis gallicis vindicatum.* La tête du roi Louis-Philippe, gravée à la face, est d'un excellent travail. Cette médaille, commandée en 1837, n'a été achevée et frappée qu'en 1844. M. Depaulis, un de nos meilleurs graveurs, n'a qu'un seul défaut, c'est de se faire un peu attendre. C'est un de ces artistes auxquels Boileau n'eût pas eu besoin de recommander de se hâter lentement. Il termine en ce moment une belle médaille de la *bataille d'Isly* ; mais la gloire de cette journée a survécu au héros qui en a eu les honneurs : la composition de M. Depaulis arrivera toujours à temps.

Pour la gravure en médailles comme pour la gravure en taille-douce, cette lenteur obligée est l'occasion de singuliers mécomptes. L'artiste qui veut mettre dans ses travaux ce soin et cette conscience qui seuls leur donnent une valeur réelle, est exposé, dans ce temps de revirements si rapides, aux mésaventures les plus singulières. Nous connaissons tel graveur de talent, grand prix de Rome, qui achevait, au moment de la révolution de février, la médaille des *Princes français*. Tel autre, également ancien pensionnaire de Rome, lauréat de plus d'un concours, et dont le nom a paru sur nos dernières monnaies, ne livrait que le 2 décembre dernier les coins de la médaille de la *République* de 1848, qui lui avait été commandée sur concours.

La médaille de la *translation des restes de Napoléon* est l'œuvre de M. Galle, le doyen de nos graveurs. Il suffit de jeter un coup d'œil sur le revers, d'une simplicité vraiment primitive, pour reconnaître l'école à laquelle appartient l'artiste et se rendre compte du système qu'il a suivi. Deux femmes drapées à l'antique sont debout sur une sorte de petit navire orné à la proue d'une tête de bélier, et à l'arrière duquel le coq symbolique est placé. L'une de ces deux femmes porte la couronne en tête et tient le sceptre surmonté de la main de justice. Un ample manteau recouvre son peplum ; elle se présente de face, s'appuyant de la main gauche, qui est libre, sur sa compagne. Cette dernière porte l'urne qui renferme les cendres du héros, et sur laquelle on entrevoit l'aigle impériale. La figure couronnée, c'est la France monarchique. Le navire ne sert en quelque sorte que de soubassement aux personnages groupés ; cependant, à la vue du rang de rames qui sert à le diriger à l'instar des galères antiques, l'imagination fait un travail, et sur-le-champ ces deux femmes et le coq gaulois prennent des dimensions colossales ; elles ont plus de cent pieds de haut, et le coq devient une autruche. Est-ce là l'idée que l'artiste a voulu exprimer, ou n'a-t-il pas voulu plutôt ne nous présenter que des symboles et des abstractions, s'inquiétant peu des proportions relatives des objets ? Cette médaille porte au revers cette légende : *Cineres Napolionis in patriam relati*, et à l'exergue, 30 novembre 1840, date du jour où les restes de Napoléon ont touché la terre de France.

Une médaille de M. Depaulis nous montre le passage à Rouen du navire qui porte ces précieux restes. Cette médaille est conçue dans le même système que celle de Saint-Jean-d'Ulloa. Seulement, l'artiste a supprimé toute allégorie et s'est borné à reproduire le fait tel qu'il s'est passé. Le pont triomphal élevé à Rouen, sous lequel passe le navire drapé, le paysage et les monuments qui forment le fond du tableau, tout cela est un calque précis de la nature que nous ne pouvons admettre en numismatique à titre de système absolu, mais que dans certaines occasions nous aimons à voir appliquer. Quels précieux renseignements n'auraient pas fournis à l'histoire et à la science quelques centaines de médailles frappées d'après ce système par les anciens ! La médaille de M. Depaulis porte à la face un très beau masque de Napoléon mort, reproduit d'après le moulage pris sur nature par le docteur Antommarchi. Comme on voit, cette médaille n'est pas seulement une commémoration, c'est l'expression la plus exacte et la plus complète de la réalité.

Une troisième médaille de M. Montagny, d'un plus petit module, nous fait assister aux funérailles triomphales. L'artiste nous montre l'immense char mortuaire, traîné par les chevaux drapés, qui vient de passer sous l'Arc de triomphe de l'Étoile, et qui descend la grande avenue des Champs-Élysées, se dirigeant vers les Invalides.

Frédéric Mercey

Cette médaille offre également une reproduction assez exacte du fait réel, seulement elle pèche par l'exécution ; le dessin est d'une grande faiblesse, et la forme est plutôt indiquée que rendue. Enfin une quatrième médaille du même module que la médaille de M. Galle, et commandée également par l'administration, nous montre l'arrivée du cercueil de Napoléon. La France le reçoit à l'entrée des Invalides, sa dernière demeure. Cette médaille de M. Barre est l'une des meilleures qui aient été frappées à l'occasion de cette solennité funèbre. Le cercueil de Napoléon, couvert d'une draperie ornée d'abeilles et surmonté du sceptre et de la couronne impériale, est porté par de jeunes hommes vêtus à l'antique et figurant la marine, l'armée, le barreau, etc. Le personnage représentant la marine est placé en avant du cercueil ; il s'appuie sur un gouvernail et présente à la France les restes du héros. L'attitude et le geste de cette figure sont d'un naturel parfait ; elle parle, on l'entend. La France vêtue en Bellone indique de la main droite les Invalides, qu'on aperçoit sur le second plan de la médaille. C'est là que le cercueil doit être déposé. Cette médaille porte pour légende : *Reliquiis receptis*, et à l'exergue : *Napolionis funus triumphale*. xv. DÉC. 1840. Elle fait grand honneur à M. Barre.

C'est à cet artiste, l'un de nos graveurs les plus habiles et les plus féconds, que l'on doit quelques-unes des médailles les plus remarquables du règne de Louis-Philippe, parmi lesquelles il faut citer encore la médaille des *Monuments historiques*, celle de l'*Arc de triomphe de l'Étoile* et le beau médaillon de *la Famille royale*, l'une des plus curieuses pièces qui aient été frappées dans ces vingt dernières années et le chef-d'œuvre de la gravure. Dans ses nombreuses compositions, M. Barre s'est toujours montré homme de goût, et, dans la position spéciale qu'il occupe à la monnaie des médailles, il a su maintenir, autant que faire se pouvait, les saines traditions de l'art.

Il serait impossible de compter les médailles auxquelles la révolution de février a donné lieu. Comme en 1789, il y eut un premier moment où les graveurs ou leurs manœuvres s'affranchirent, à l'exemple des écrivains, de tout examen préalable et de toute autorisation, et répandirent leurs ouvrages au moyen de balanciers particuliers. Ces médailles, composées hâtivement, n'offrent la plupart du temps que d'informes et ridicules ébauches,

frappées souvent en alliage, en étain ou même en plomb ; et si
le retour à la barbarie n'est pas aussi complet qu'à l'époque de
la première révolution, c'est que l'art de la gravure était plus
généralement cultivé, et que ces saturnales ne durèrent qu'un
moment. Parmi les médailles frappées en 1848 à la Monnaie de
Paris, il en est bien peu qui s'élèvent au-dessus de la médiocrité.
Cette éternelle république, coiffée du bonnet phrygien pendant
les jours qui suivirent la révolution, couronnée de fleurs, d'olivier
ou de chêne quand juin a tranché les têtes de l'hydre, est d'une
banalité fatigante. MM. Gayrard, Oudiné, Barre et Caqué sont à
peu près les seuls qui échappent au défaut général. Le meilleur
de ces types est certainement celui adopté par M. Gayrard. Sa
république est couronnée de lauriers, coiffée et à demi vêtue d'une
peau de lion. Le profil a toute la pureté d'un bronze antique, et
il y a dans l'œil et dans la bouche une puissance souveraine. M.
Gayrard père, qui, ainsi que nous l'avons vu, a ouvert il y a plus
d'un demi-siècle la série des médailles napoléoniennes par celle de
la *Bataille de Moutenotte*, est tout à la fois un sculpteur distingué
et l'un de nos meilleurs graveurs. Il a surtout des idées, ce qui n'est
pas commun. Chacune de ses productions se fait remarquer par
une pensée souvent frappante, toujours ingénieuse. M. Gayrard,
dont la fécondité est toute juvénile, a publié dans ces dernières
années plus de dix médailles. Nous signalerons dans ce nombre
la médaille du *13 juin*, du *Choléra à Gray*, du *Roi et de la reine
de Sardaigne*, des *Fêtes données par la ville aux étrangers en
1851*. Son chef-d'œuvre est peut-être cette belle médaille de *Pie
IX*, publiée en 1850, qui porte à la face un buste du pape Pie IX,
vigoureusement sculpté, et au revers une colombe en plein vol
rapportant un rameau d'olivier, avec cette légende d'un tour et
d'une concision tout-à-fait antiques : *Urbem reversus, pastor non
ultor*. M. Gayrard père a fait souvent de ces heureuses rencontres.
La dernière médaille qu'il vient d'exécuter, inaugurant l'ère de
Louis-Napoléon, président décennal, comme il avait inauguré, il y
a cinquante-six ans, l'ère du futur consul et du futur empereur, et
qui a pour sujet la proclamation du prince-président le 1er janvier
1852, est certainement la meilleure que les derniers événements
aient inspirée. Elle porte à la face le portrait de Louis-Napoléon,
d'une expression peut-être un peu rude et d'une ressemblance

Frédéric Mercey

douteuse, et au revers une Renommée embouchant la trompette qu'elle tient de la main droite et déployant de la main gauche une pancarte sur laquelle est inscrit le chiffre 7,500,000 voix, avec cette légende : *Vox populi vox Dei*. Cette Renommée est d'un excellent mouvement ; elle ne vole pas comme d'habitude : elle est posée sur le pied gauche, et la jambe droite est repliée. Cette attitude, jointe au flottement de la draperie que le vent rejette en arrière, lui donne une singulière légèreté. Les plis de la robe, qui se modèle sur le corps, sont étudiés avec une délicatesse et une précision qui ne sentent nullement l'improvisation, et qui laisseraient croire que M. Gayrard, doué d'une sorte de divination, avait par avance composé sa figure. M. Gayrard se repose de l'exécution de cette médaille, inspirée par la circonstance, en achevant la grande médaille d'honneur des expositions annuelles. Quatre autres médailles destinées aux lauréats de la peinture, de la sculpture, de la gravure et de l'architecture, viennent de paraître. MM. Vauthier-Galle, Bovy, Barre et Caqué sont les auteurs de ces médailles, qui nous paraissent dignes de leur destination. *La Peinture* de M. Vautier-Galle, *la Gravure* de M. Barre et *l'Architecture* de M. Caqué, sont des compositions fort remarquables, et qui maintiennent les trois graveurs au rang qu'ils occupent dans l'école. *La Sculpture* de M. Bovy est aussi l'une des meilleures médailles qui aient paru dans ces dernières années. Le contraste des formes souples et gracieuses de la jeune femme qui personnifie la sculpture avec le torse énergique du gladiateur sur lequel cette figure s'appuie est une heureuse idée, exprimée avec un rare talent. Le choix des autres accessoires est excellent.

Chacune des phases du dernier mouvement populaire de février, à commencer par la révolution elle-même, a été l'occasion d'un grand nombre de compositions : *l'Installation du Gouvernement provisoire, l'Assemblée nationale, le 15 Mai, les Journées de Juin, la Promulgation de la Constitution*, et enfin *l'Élection du 10 Décembre*, ont reçu cette consécration de l'art, qui cependant, on doit le reconnaître, ne s'est jamais mis moins en frais. Il est vrai que, dans la seule année de 1848, les événements se succèdent avec une si foudroyante rapidité, que chaque graveur qui veut les retracer doit se livrer à l'improvisation, s'il désire arriver à temps. Aussi l'invention des artistes ne s'élève-t-elle qu'à la hauteur des faits divers ou de l'entre-filet officiel d'un journal, dont toutes ces pièces ne sont guère que de petits suppléments en bronze ou en alliage. Cette même fécondité et cette même rapidité d'exécution s'appliquent à ces nombreuses illustrations plus ou moins *démocratiques* ou *sociales* et à ces singulières marionnettes politiques qui se succèdent si fantastiquement sur les tréteaux populaires. En effet, de Lamartine et Ledru-Rollin à Huber et à Bianqui, il n'est guère de célébrité révolutionnaire qui n'ait sa médaille, ne fût-elle qu'en étain ou en plomb. Remarquons à ce propos qu'à aucune époque ces médailles d'étain et de plomb n'apparaissent en même quantité. Il suffit en effet d'un balancier de timbre sec, ou seulement d'une enclume et d'un marteau pour les frapper, ou d'un moule en plâtre pour les couler, car beaucoup de ces pièces sont fondues. On peut juger dans quelle catégorie, comme objets d'art et sous le rapport politique, de pareilles médailles doivent être rangées, et quels événements et quels héros elles célèbrent. Et cependant peu de collections sont plus curieuses et présentent un caractère plus original que celle qui comprend la période révolutionnaire que nous venons de traverser. Cet intérêt, elles l'empruntent à un élément tout nouveau, à l'application plus ou moins volontaire de l'épigramme et du grotesque à la numismatique. Un savant qui applique aux objets les plus divers une intelligente et active curiosité a eu la singulière idée de recueillir les médailles de toute nature qui ont paru du 24 février au 20 décembre 1848, et il en a colligé plus de cinq cents. Il a fait plus, il a fait graver toutes les pièces recueillies, dont il a soin d'indiquer le caractère et l'origine.[1] Cette publication est assurément l'une des plus amusantes qui aient paru sur une époque qui ne l'était guère. C'est que l'auteur ne s'est pas borné à recueillir les pièces officielles et sérieuses, mais qu'il a recueilli avec un égal intérêt toutes ces pièces éphémères, ces clichés en alliage, en étain, en plomb, frappés seulement à un très petit nombre d'épreuves, témoignages de l'admiration naïve de quelques-uns, de la mauvaise humeur ou de la colère de quelques autres, et dont la plupart ont pour objet de ridiculiser de détestables passions et de bafouer tous ces grands hommes d'un jour. Ces médailles ont pu se produire à

---

1 Le recueil des pièces gravées qui figurent dans cette *collection* formée par M. de Saulcy a paru sous le titre de *Souvenirs numismatiques de la révolution de 1848.*

Frédéric Mercey

d'autres époques,[1] et la première révolution nous en offre quelques spécimens, mais jamais elles ne furent si multipliées que dans ces dernières années. Que cela résulte de ce caractère goguenard et critique imprimé par le journalisme à la littérature et même à la conversation, ou provienne de toute autre cause, toujours est-il que jamais dans aucun temps le comique et le grotesque n'ont fait une pareille invasion sur le terrain neutre de la numismatique. Il semble que l'on veuille remplacer par l'épigramme ou la moquerie les flatteries d'autrefois. Aussi n'a-t-on jamais compté un pareil nombre de ces pièces singulières, que l'on peut considérer comme autant de satires ou de caricatures métalliques.

Parmi les monuments numismatiques les plus curieux de la révolution de février, nous citerons surtout les médailles des clubs : toutes ont un caractère plus ou moins anarchique. Nous signalerons dans le nombre celles du club des voraces, des sans-culottes de la Croix-Rousse, des démocrates des faubourgs, des travailleurs de Reims, de la société des droits de l'homme, du club des clubs, etc. Le club des femmes a aussi ses médailles, dont l'une représente la présidente à la tribune prononçant cette curieuse phrase disposée en légende : *C'est nous qui faisons l'homme, pourquoi n'aurions-nous pas voix délibérative dans ses conseils ?* Nous lisons sur une autre médaille qui nous montre ces dames en séance : *La Liberté est une femme, ne laissons donc pas le pouvoir aux hommes.* Une dernière médaille nous montre la vanité de ces prétentions. Le club des femmes vient d'être fermé. Entre autres inscriptions, la médaille commémorative de ce fatal événement porte d'un côté : *Soleil de juillet 1848, tu ne t'es pas voilé !* et au revers : *Les pauvres femmes n'ont donc ni âme ni capacité politique. Le concile de Mâcon les exclut du paradis, notre jeune république leur interdit les clubs.*

Si beaucoup des médailles de la révolution de février nous montrent la république de 1848 triomphante et dans toute sa gloire, d'autres nous montrent ses malheurs et ses infirmités. L'une de ces dernières a été frappée à l'occasion des journées de juin.

---

1 Ces médailles sont fort rares sous la monarchie. Une des plus originales est celle de Law, comte de Tankerville, surintendant et contrôleur -général des finances du royaume de France, avec cette légende : — « Lundi - nous achetons - des actions, — mardi - nous avons – des millions, — mercredi - nous réglons notre ménage, — jeudi nous nous mettons en équipage, — vendredi nous allons au bal, et samedi à l'hôpital. 1720. »

D'un côté, on lit au centre d'une couronne d'ossements recoupée en croix par quatre têtes de mort placées sur deux os en sautoir 1848. *État de siège, transportation des insurgés de juin*, et alentour de la couronne, écrit au rebours : *République des honnêtes gens*. Au revers, on voit la même couronne entourée de grosses larmes ; au centre : 1848. *État de siége, misère*.

Une autre médaille, qui, comme la précédente, doit émaner d'un démocrate socialiste mécontent, nous représente les sept plaies de la république. — On lit d'un côté : *Les sept plaies de la république de 1848 : elle y survivra quand même*. Voici maintenant le type qui accompagne cette légende. Sept têtes monstrueuses soufflent à qui mieux mieux sur un œil de face ; ces têtes sont ainsi désignées la calomnie, le haut clergé, l'état de siège, les 45 centimes, les prétendants, l'aristocratie, les états-majors. L'œil en question est placé au-dessus d'un faisceau que surmonte un bonnet à cocarde qui ne ressemble que médiocrement à un bonnet rouge ; le faisceau repose sur un arceau surmonté de deux drapeaux. Quant aux sept plaies désignées, nous devons reconnaître qu'il y en a quelques-unes que la république de 1848 s'est inoculées de sa propre main. Au revers paraissent encore les sept têtes malfaisantes ; mais, si elles ont la gueule ouverte, elles ne soufflent plus, et la république, majestueusement assise, s'appuie de la main droite sur la table des droits de l'homme, tandis qu'elle soutient de la gauche un niveau au-dessus d'une figure de femme emmaillotée comme une momie. Est-ce la France ? Je le suppose. Ce que je suppose aussi, c'est que la France attend autre chose de la république qu'un emmaillotage assez serré pour ne pouvoir plus remuer ni les bras ni les jambes. — *Le peuple la guérira, elle fera le tour du monde*, dit la légende. De compte fait, ce n'est pas le premier tour de la vagabonde déesse.

Une médaille lilloise en plomb formule nettement le programme des socialistes. D'un côté, nous lisons : *Vive la République démocratic et sociales (sic)* ; de l'autre : *Abat (sic) le riche, vive le partage des biens*. Cet honnête *partageux* n'a, comme on le voit, pas plus de respect pour l'orthographe que pour la propriété. La médaille de *la révolution de 1848* est tout aussi nette. D'un côté, on voit une tête d'homme barbu, coiffé du bonnet phrygien à cocarde, entre une hache et un poignard ; de l'autre, nous lisons : *1789 a tué les privilèges, 1848 tuera les écus*. Cette médaille, toute grotesque

Frédéric Mercey

qu'elle paraisse, doit être prise au sérieux ; si 1848 n'a pas tué les écus, il en a pendant un moment rendu l'espèce bien rare. Une autre médaille conçue dans le même esprit porte, d'un côté, *24 février 1848 : Droit au travail, droit à l'existence, ateliers nationaux,* et au revers : *Constitution des 900. Dieu te bénisse, citoyen, tâche de ne pas mourir de faim.*

Tout à l'heure on nous a signalé les sept plaies de la république, une dernière médaille nous la montre malade et au lit. Le lit est décoré d'une tête de mort et d'os de mort en sautoir ; on lit au revers : *La réaction la rend bien malade, elle ne manque pourtant pas de médecins, mais ce sont les charlatans que je redoute pour elle.* L'affaire de Risquons-Tout est célébrée par une médaille dont la légende est un calembour : *Risquons-Tout, oui, tout pour l'humanité. — 1848.*

À la suite des journées de juin, beaucoup de médailles ont été frappées avec les *balles de l'oppression* comme autrefois avec les *chaînes de la tyrannie.* Les unes portent : *Journées de juin 1848 : du pain ou du plomb. — Liberté ou la mort. — Vive Barbès !* avec cette légende au revers : *Modèle de balle en usage dans les guerres civiles, venant d'outre-mer.* Il y a cinq ou six variantes de cette médaille, qui souvent figure une simple halle sur le corps de laquelle on lit : *22 juin 1848, du pain ou la mort, vive Barbès !* ou bien : *Résurrection de la république rouge,* et au revers : *Du pain ou du plomb !* Sur quelques-unes, on a figuré un bonnet rouge comme seul accessoire. D'autre part, un commissaire de police, curieux de numismatique, a fait exécuter une médaille avec des balles saisies sur les insurgés de juin, et il n'en a fait frapper que quatre épreuves. Un autre, amateur et patriote, a rassemblé un certain nombre de balles recueillies dans les diverses villes où l'insurrection a éclaté, et, avec ce plomb, il a fait frapper l'étrange médaille que nous allons décrire. Au centre, une balle est figurée en demi-relief. Cette balle, sur laquelle on lit plomb meurtrier, est entourée, d'un côté, de cercles concentriques contenant diverses légendes, comme par exemple : *Républicains, quand nous pratiquerons la fraternité, il ne sera plus que pour nos ennemis* (le plomb meurtrier). Au revers, en exergue circulaire, sont inscrits les noms des villes où l'insurrection a éclaté : *Rouen, Paris, Saint-Étienne, Marseille, Nîmes,* etc., avec la date de chaque insurrection particulière. Au centre, dans le champ, on lit : « Énergiques cités, j'ai fait cette médaille avec le métal trouvé dans vos blessures ; elle fera connaître à la postérité le ciment employé par les Français pour affermir la base de l'édifice démocratique de l'an de régénération 1848. » Il est difficile d'être à la fois plus naïf, plus grotesque et plus patriote.

Nous ne voulons pas nous étendre davantage sur ces médailles, qui n'ont aucune valeur au point de vue de l'art, et dont les auteurs, comme nous venons de le voir, n'ont pas fait grands frais d'imagination ou d'esprit. Eux et leurs émules plus sérieux se sont mis au niveau de l'époque dont ils retraçaient les événements, et, il faut bien le reconnaître, ce niveau avait singulièrement baissé. L'esprit humain obéit à d'occultes influences ; au moment des tempêtes sociales, il subit une étrange dépression, et tombe en quelques instants de plusieurs degrés. Lors de la crise de février, nous en avons eu la preuve. Imagination, intelligence, volonté, tout sembla défaillir à la fois. La parole remplaça tout dans la nouvelle Babel, où bientôt la confusion des langues amena la plus complète anarchie.

Aujourd'hui cette époque est bien loin de nous. Les derniers événements ont rendu à l'art national un peu de cette brillante activité qu'il déployait avant février. Même au plus fort de nos désordres civils, l'art a toujours énergiquement lutté contre l'alanguissement des esprits et l'indifférence publique. Sans doute, en 1848, il n'avait pu complètement échapper à cette décadence morale, à ce rapetissement de l'intelligence qui gagnait de proche en proche : nous venons d'en avoir la preuve pour la numismatique. Il avait su toutefois maintenir certaines limites inviolables, et défendre les meilleures parties de son domaine contre les invasions de la barbarie triomphante. Aujourd'hui l'art ne doit plus rester stationnaire. Beaucoup de ceux qui le cultivent ont été retrempés par le malheur ; d'autres ont senti grandir leurs forces dans un stérile, repos ; tous sont fatigués de cette halte forcée, qui n'a pas duré moins de quatre années. Les aspirations sont grandes et énergiques, l'épanouissement est universel, et la numismatique elle-même obéit à cette vigoureuse impulsion. L'avènement du nouveau pouvoir, la France préservée de l'anarchie, sont les. thèmes favoris sur lesquels s'exerce à l'heure qu'il est le talent de nos graveurs les plus distingués, et nous citerons dans le nombre

Frédéric Mercey

MM. Gayrard, Oudiné, Vauthier-Galle et Caqué. La période où nous entrons s'annonce comme éminemment favorable aux progrès de l'art ; espérons que les artistes sauront profiter du calme qui leur est rendu, en s'attachant à célébrer la France telle que nos pères l'ont vue, grande par l'intelligence, par les arts, par la paix, grande au besoin par la victoire.

Section III

ISBN : 978-1543096866